BAUSTEINE

Spracharbeitsheft Teil A
zum Fördern

Erarbeitet von
Kerstin Eilenberger, Filderstadt-Bonlanden
Gabriele Hinze, Metelen
Belinda Schlappa, Karlsruhe
Daniela Selzer, Frankfurt
Michael Wanke, Kirchheim-Teck

Unter Beratung von
Verena Roth, Lehrte
Uli Siekmann, Hannover

2

Inhalt

Willkommen in Klasse 2	**4**
Das Willkommensspiel	5
Unsere Schule	**6**
Gesprächsregeln finden	7
Einen Ich-Text schreiben	8
Ein Portfolio anlegen	9
Das Abc kennenlernen	10
Wörter nach dem Abc ordnen	11
Wörter in Silben gliedern	13
Selbstlaute in Silben erkennen	14
Offene und geschlossene Silben kennenlernen	16
Wörter mit -el, -en, -er schreiben	17
So macht es Quiesel	
Mit der Quieselkarte abschreiben	18
Mein Grundwortschatz	19
Fit mit Quiesel	
Das Abc kennen	21
Silben kennen	22
Selbstlaute in Silben erkennen	23
Vor meiner Tür	**24**
Miteinander sprechen	25
Eine Geschichte mit der Bildlupe planen	26
Eine Geschichte mit der Bildlupe schreiben	27
Nomen kennenlernen und ordnen	28
Nomen kennen: Artikel (Begleiter)	30
Nomen kennen: Einzahl und Mehrzahl	31
Großschreibung von Nomen beachten	32
Sätze erkennen	34
Großschreibung am Satzanfang beachten	35
So macht es Quiesel	
Mit der Profikarte Wörter üben	36
Mein Grundwortschatz	37
Fit mit Quiesel	
Nomen erkennen	39
Sätze erkennen	41
Ich – du – wir	**42**
Einen Wunsch vortragen	43
5-Finger-Geschichte planen	44
5-Finger-Geschichte schreiben	45
Verben kennenlernen	46
Verben verändern sich	48
Wörter mit Sp/sp und St/st	50
Wörter mit G/g – K/k schreiben	52
Wörter mit B/b – P/p schreiben	53
So macht es Quiesel	
Wörter in der Wörterliste nachschlagen	54
Mein Grundwortschatz	55
Fit mit Quiesel	
Verben verändern sich	57
Wörter mit Sp/sp und St/st	58
Wörter mit G/g – K/k und B/b – P/p schreiben	59
Durch das Jahr	**60**
Rätsel schreiben	61
Ein Herbst-Akrostichon schreiben	62
Ein Akrostichon schreiben	63
Fachwörter	**64**
Wörterliste	**67**
Kompetenzbereiche	**72**

Kompetenzen der Seite
Medienbildung

KV – Kopiervorlage
KV Fö – KV zum Fördern
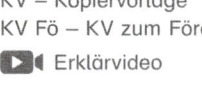 Erklärvideo

RS – Trainingsheft
Rechtschreibstrategien
Interaktive Übungen

Diese Zeichen findest du in deinen Arbeitsheften:

- schreiben
- malen
- einkreisen
- ankreuzen
- verbinden
- unterstreichen
- markieren
- Silben schwingen
- Silbenbögen zeichnen
- lesen

- genau hinsehen
- sprechen
- hören
- spielen
- Aufgabe im Heft lösen
- mit der Wörterliste arbeiten
- Portfolio
- Übungswörter
- Merkkasten

Hallo, ich bin Quiesel.
Ich gebe dir wichtige Tipps!

Aufgaben

- 1 abschreiben, wiedergeben, ausführen
- 1 anwenden, nachdenken, üben
- 1 weiterdenken, forschen, begründen
- 1 Diese Aufgabe kannst du mit einem Partnerkind bearbeiten.
- 1 Gruppenarbeit

Rechtschreibstrategien

- Wörter in Silben schwingen und deutlich sprechen
- Wörter verlängern
- Wörter ableiten
- Nomen großschreiben
- Merken
- Mit Wortbausteinen arbeiten

Willkommen in Klasse 2

1 Sprich die Wörter.

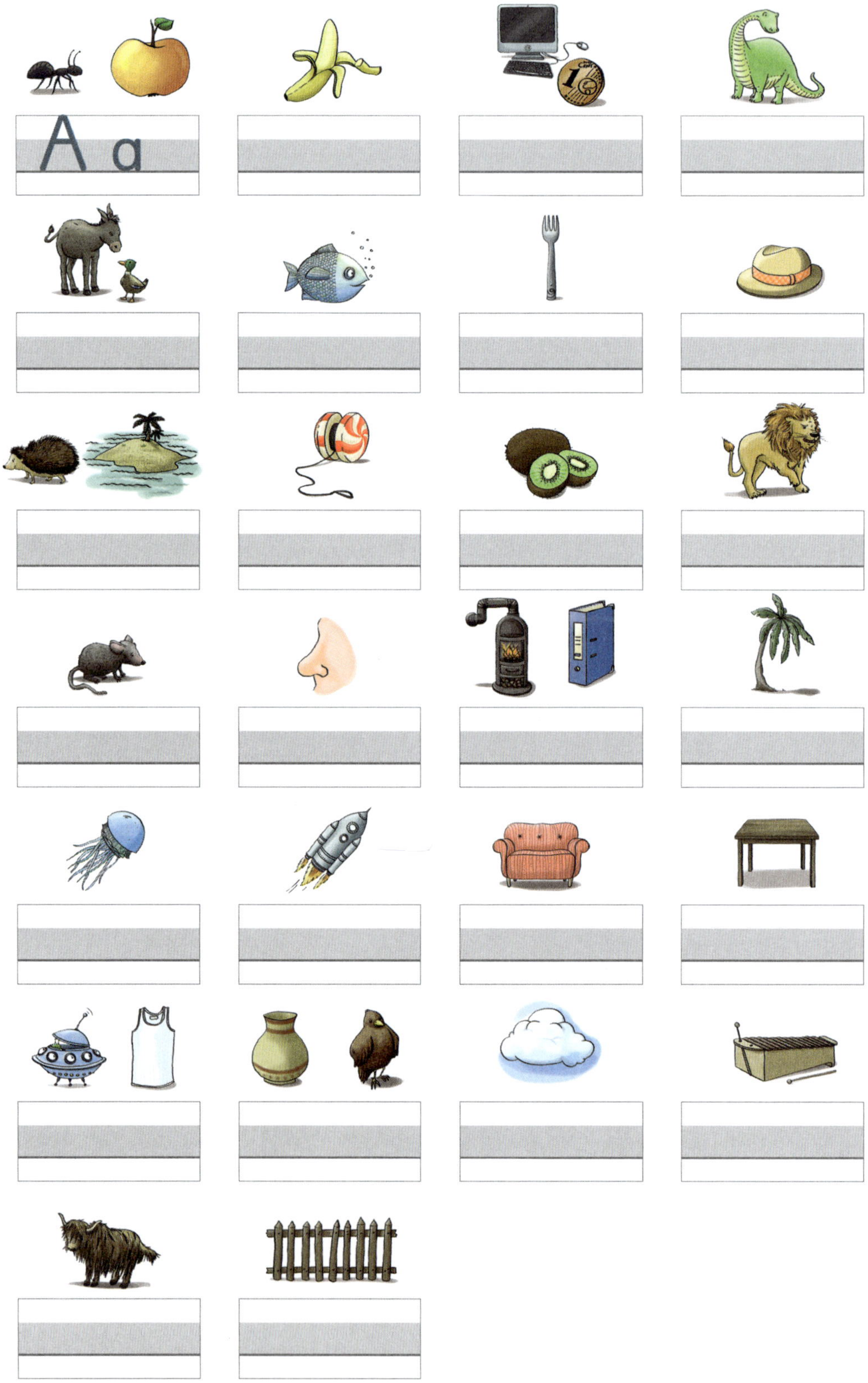

2 ✏️ Schreibe die Buchstaben zu den Bildern.

- Laut-Buchstaben-Zuordnung kennen und anwenden

Das Willkommensspiel

Spiel für 2 bis 3 Kinder
Würfele eine Zahl.
Löse die Aufgabe.
Richtig? Rücke ein Feld vor.

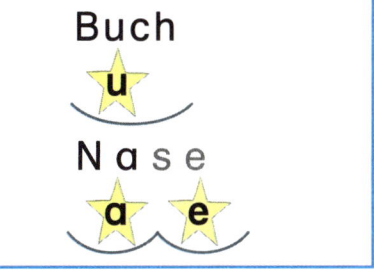

| START | Wort mit J... | Wort: ‿ | Wort mit St... | Reime: Haus M... | Wort: ‿ |

Sterne sind Selbstlaute. a e i o u

					Wort mit Ei...
Reime: Tanne W...	Wort mit P...	Wort: ‿	Wort mit F...	Reime: Hand S...	Wort: a e
Wort: ‿					
Wort: u	Wort mit S...	Reime: Kasse T...	Wort mit Qu...	Wort mit Au...	Wort: i
					Wort mit K...
ZIEL	Wort mit Z...	Wort mit W...	Wort: ‿	Reime: Keller T...	Wort: o e

· Rechtschreibstrategien nutzen
· mit Sprache spielerisch umgehen
· KV 1, 2

Unsere Schule

zu Hause
im Garten
im Zoo
am See
am Meer

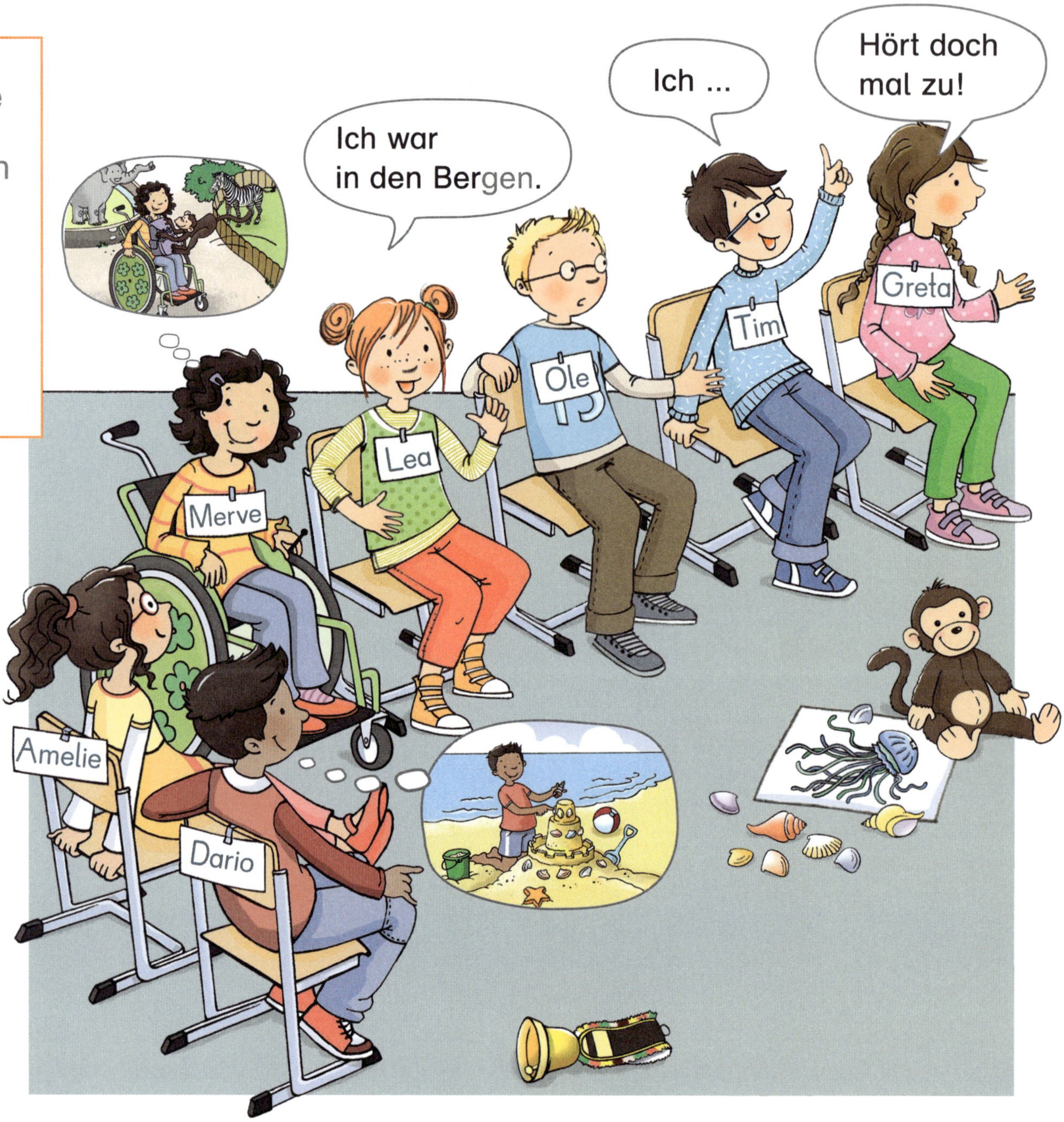

 Schaue die Bilder an.
Erzähle.

 Wo waren die Kinder in den Ferien?

Lea war

Dario war

Sprechen und Zuhören

Gesprächsregeln finden

Wir melden uns.

Wir hören zu.

Wir lassen andere ausreden.

Wir sprechen deutlich.

1 Was stört die Kinder in der Erzählrunde?
   Markiere die Sprechblasen.

2 Welche Regeln sind für ein Gespräch wichtig?

Wir lassen andere ausreden.

Wir

Wir

Wir

3 Was sind die wichtigsten Regeln für ein Gespräch?
   Schreibt die Regeln auf ein Plakat.

· Anliegen gemeinsam mit anderen diskutieren
· Gesprächsregeln entwickeln
· KV 4, 5

Texte verfassen

Einen Ich-Text schreiben

1. 👓 Lies den Ich-Text von Quiesel.

2. ✏️ Schreibe einen Ich-Text.
   🖍️ Male dazu.

Ich-Text von _____

Das mache ich gern:

Das kann ich gut:

Das mache ich nicht so gern:

So sehe ich aus:

Ich-Text von Quiesel

Das mache ich gern:
Roller fahren
mit anderen spielen

Das kann ich gut:
Quatsch machen
mich verstecken

Das mache ich nicht so gern:
aufräumen

- nach Anregungen eigene Texte schreiben
- KV 6
- KV Fö

Texte verfassen

Ein Portfolio anlegen

Ein Portfolio ist eine Sammlung.

1 Welchen Tipp gibt Tim seiner Freundin Lola? Markiere.

Was mache ich mit meinem schönen Ich-Text?

Lege ihn in ein Portfolio.

2 Was kann Lola in ihrem Portfolio sammeln?

ein Foto

ein Bild

einen Ich-Text

eine Geschichte

ein Foto, _____

_____

3 Was möchtest du in dein Portfolio legen?

- Lernergebnisse geordnet festhalten und für eine Veröffentlichung verwenden
- über Lernerfahrungen reflektieren

· KV 7

9

Sprache untersuchen

Das Abc kennenlernen

> Das **Abc** heißt auch **Alphabet**.
> Es zeigt die Reihenfolge der Buchstaben.

1 ✏️ Verbinde die Buchstaben nach dem Abc.

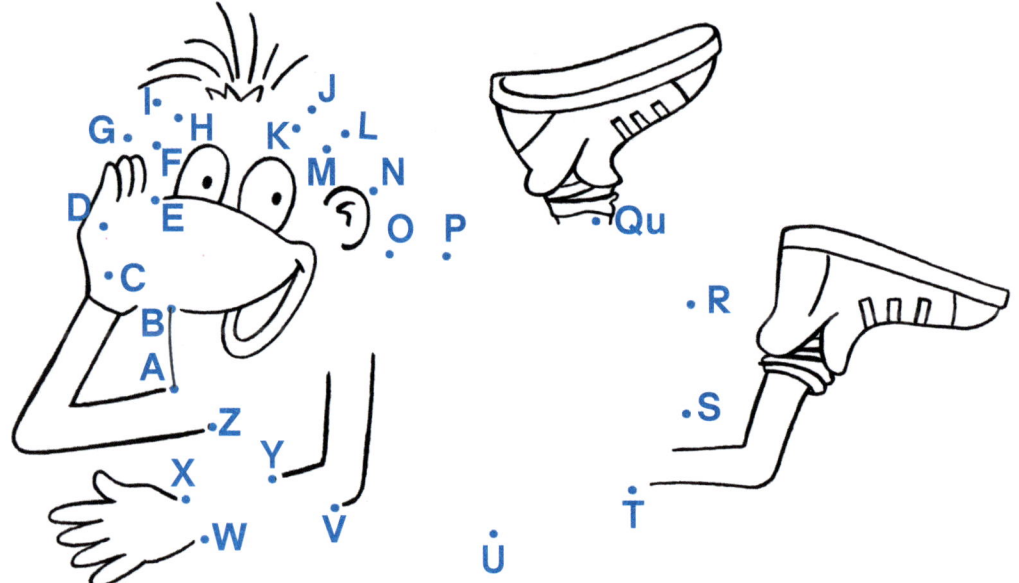

2 ✏️ Trage die fehlenden Buchstaben ein.

A	B		D						J	K	L	
1	2	3	4	5	6	7	8	9	10	11	12	13

N	O	P	Qu				U	V	W	X	Y	Z
14	15	16	17	18	19	20	21	22	23	24	25	26

3 ✏️ Finde das versteckte Wort.

G	_	_	_	_	_	_	_	_	_	_	_	_
7	5	8	5	9	13	19	3	8	18	9	6	20

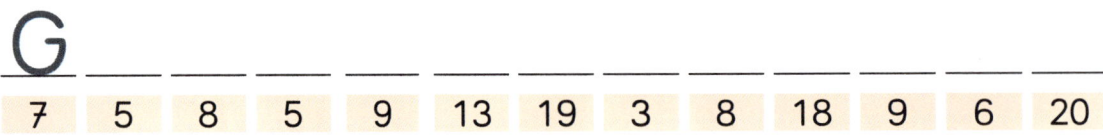

Sprache untersuchen

Wörter nach dem Abc ordnen

1 Schreibe die ersten Buchstaben der Namen auf. Was fällt dir auf?

Anna, Ben, Carlos, Doro, Ella, Finn

A,

> Wörter können nach dem Abc geordnet werden: **A**nna, **B**en, **C**arlos.

2 Markiere den ersten Buchstaben in den Wörtern.
Schreibe sie nach dem Abc auf.

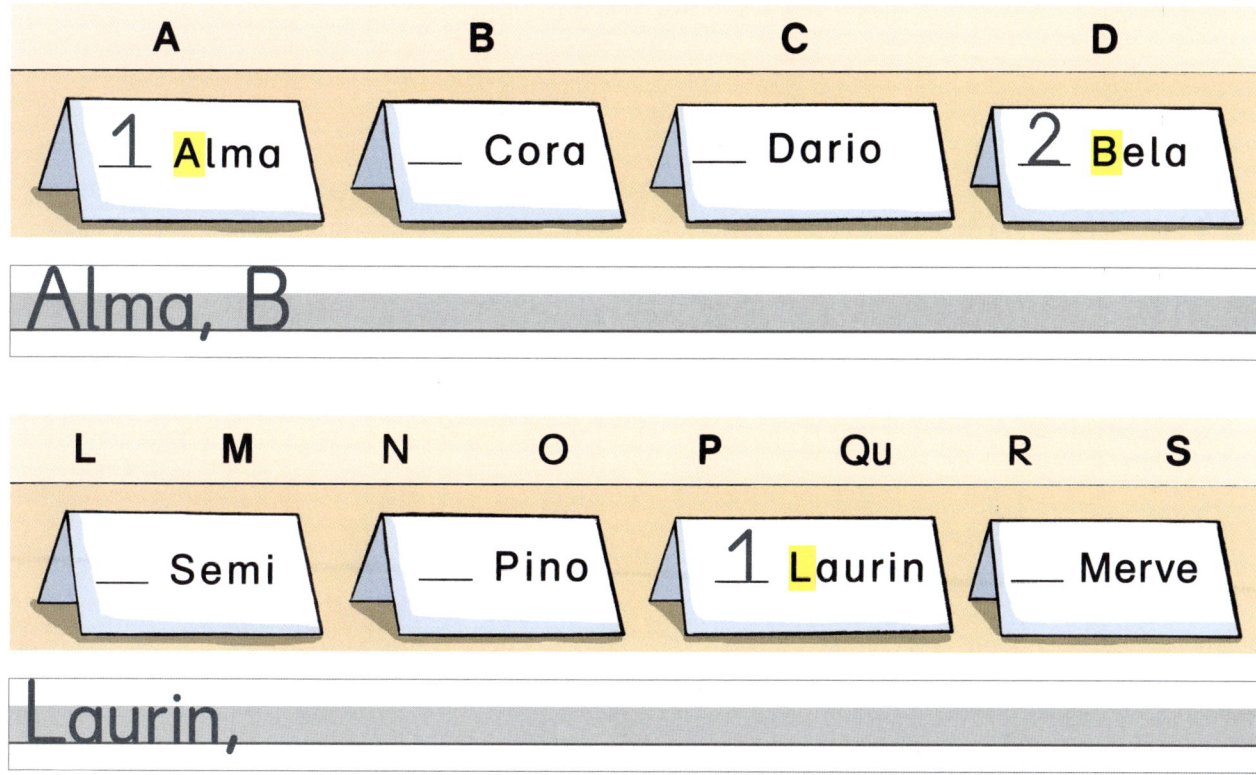

A	B	C	D
1 **A**lma	__ Cora	__ Dario	2 **B**ela

Alma, B

L	M	N	O	P	Qu	R	S
	__ Semi		__ Pino	1 **L**aurin			__ Merve

Laurin,

- das Alphabet als Ordnungsinstrument kennenlernen
- KV 8–10
- KV Fö

Sprache untersuchen

Wörter nach dem Abc ordnen

1 Schreibe das Abc in Kleinbuchstaben.

a _ _ _ _ _ _ _ _ _ _ _ _ m

n _ _ _ _ _ _ _ _ _ _ _ _

2 Markiere den ersten Buchstaben in den Wörtern.
Schreibe sie nach dem Abc auf.

☐ **h**olen   [1] **b**auen   ☐ **l**ernen   ☐ **s**agen

bauen, _____

☐ lesen   ☐ fragen   ☐ turnen   ☐ malen

_____

> **!** K**a**tze, K**o**bra, K**u**h ordnet man nach dem zweiten Buchstaben.

3 Schreibe die Wörter nach dem Abc auf.

☐ E**s**el   ☐ E**n**te   [1] E**l**efant   ☐ E**m**u

Elefant, _____

4 Was habt ihr über das Ordnen von Wörtern gelernt?
👄 Tauscht euch aus.

- das Alphabet als Ordnungsinstrument kennenlernen
- KV 8–10
- KV Fö

a b c d e f g h i j k l m n o p q u r s t u v w x y z

Richtig schreiben

Wörter in Silben gliedern

Silben sind Teile von Wörtern: Nase.
Wörter kann man in Silben sprechen.
Manche Wörter haben nur eine Silbe: Heft.

1 Mache zu jeder Silbe einen Schritt und schwinge.
✏ Schreibe die Wörter mit Silbenbögen.

| Ta fel ✓ | Re gal | Hut | ma len |

Tafel,

2 ✏ Schreibe die Wörter mit Silbenbögen.

| Schokolade | Tomatenbrot | Banane |

Schokolade,

3 ✏ Schreibe die Sätze mit Silbenbögen.

| Lola holt den Malkasten. | Sie bemalt runde Steine. |

Lola

· Wörter strukturieren: Silben
· grundlegende Begriffe kennen: Silbe
· Rechtschreibstrategie: mitsprechen, schwingen

· KV 11
· KV Fö

· RS, S. 3
↻ 4, 8

13

Richtig schreiben

Selbstlaute in Silben erkennen

> **A a   E e   I i   O o   U u** sind **Selbstlaute** (Vokale).
> Alle anderen Buchstaben des Abc sind **Mitlaute** (Konsonanten).

1 ✏️ Schreibe die Selbstlaute in die Silbenbögen.
Was fällt dir auf?

⭐	⭐⭐	⭐⭐⭐
Heft	Tafel	Melone
e		

> In jeder Silbe gibt es einen Selbstlaut: Heft, Tafel, Melone.

2 ✏️ Zeichne Silbenbögen.
🖍️ Markiere die Selbstlaute.

ä ö ü sind auch Selbstlaute.

Hund ✓   Löwe ✓   Krokodil
Sofa   Zitrone   Tür

3 ✏️ Trage die Wörter aus **2** ein.

⭐	⭐⭐	⭐⭐⭐
Hund	Löwe	

- grundlegende Begriffe kennen: Selbstlaut und Mitlaut
- Wörter strukturieren: Silben
- KV 11
- KV Fö
- ▶️
- RS, S. 4

Richtig schreiben

Selbstlaute in Silben erkennen

1. Welche Selbstlaute fehlen?
   Setze die Selbstlaute ein.

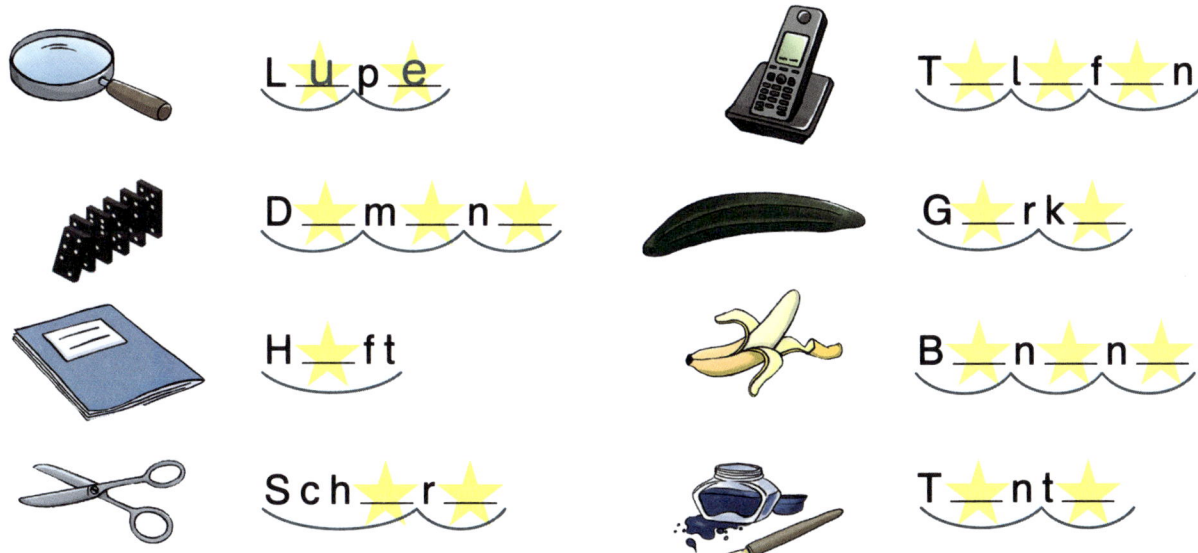

Lupe   T_l_f_n
D_m_n_   G_rk_
H_ft   B_n_n_
Sch_r_   T_nt_

2. Schreibe die Wörter mit Silbenbögen.
   Markiere die Selbstlaute.

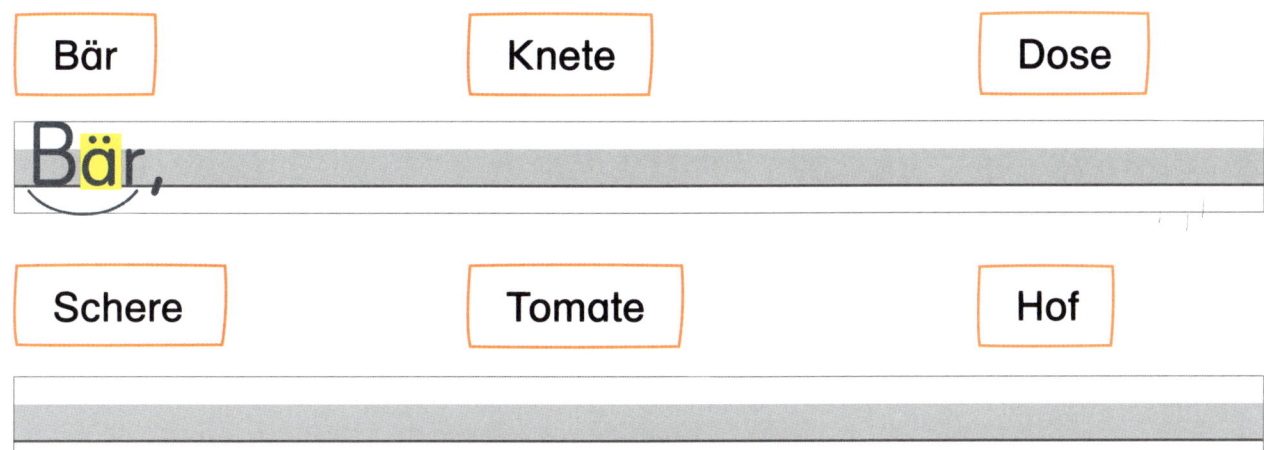

3. Setze die Selbstlaute ein.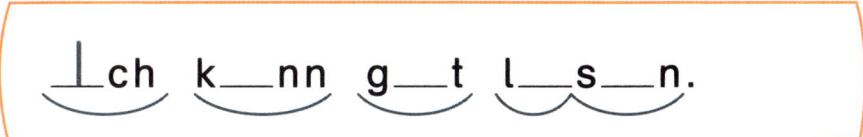

_ch k_nn g_t l_s_n.

- grundlegende Begriffe kennen: Selbstlaut und Mitlaut
- Wörter strukturieren: Silben
- KV 12
- KV Fö
-
- RS, S. 4
- C5

Richtig schreiben

Offene und geschlossene Silben kennenlernen

1 Markiere in der ersten Silbe den Selbstlaut.

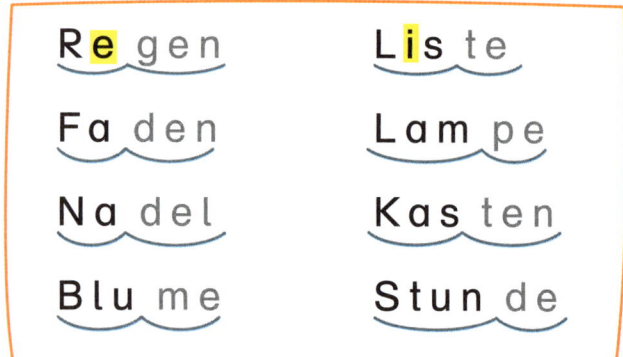

Re gen	Lis te
Fa den	Lam pe
Na del	Kas ten
Blu me	Stun de

Der Mitlaut schließt die Silbe: Lis te.

2 Steht am Ende der Silbe ein Mitlaut?
Kreise ihn in den Wörtern aus 1 ein.

! Die Silbe endet mit einem Selbstlaut.
Die **Silbe** ist **offen**: Na.
Die Silbe endet mit einem Mitlaut.
Die **Silbe** ist **geschlossen**: Stun.

3 Trage die Wörter aus 1 mit Silbenbögen ein.

erste Silbe offen	erste Silbe geschlossen
Regen	Liste

· grundlegende Begriffe kennen: Silbe, Selbstlaut und Mitlaut
· KV 13
· KV Fö
· RS, S. 6

Richtig schreiben

Wörter mit -el, -en, -er schreiben

 1 Wer hat das Wort richtig geschrieben?

In jeder Silbe ist ein Selbstlaut.

So ist es richtig: _____

2   Trage die Wörter ein.
 Zeichne Silbenbögen.
 Markiere die Selbstlaute.

Ampel ✓	Tafel
Wagen	Nebel
Regen	baden

-el | **-en**

 Ampel

3  Schreibe die Wörter mit Silbenbögen.
 Markiere **er**.

Bei vielen Wörtern hört man am Ende ein **a**, schreibt aber **er**: Bruder.

 Ruder ✓   Maler   Kinder

 Ruder,

· Rechtschreibstrategie anwenden: mitsprechen, schwingen
· rechtschriftliche Kenntnisse anwenden

· KV 14, 15
· KV Fö
· ▶

· RS, S. 5

17

So macht es Quiesel

Wörter mit der Quieselkarte abschreiben

- Sprich deutlich.
- Merke dir schwierige Stellen.

- Decke das Wort ab.
- Schreibe.
- Sprich leise mit.

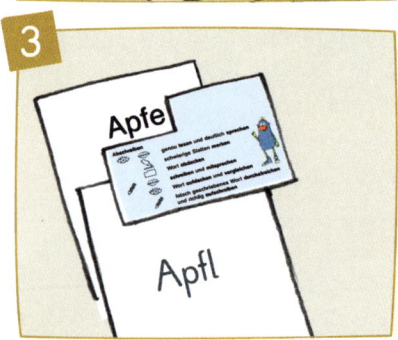

- Vergleiche.

- Streiche falsche Wörter durch.
- Schreibe das Wort richtig.

1. Schreibe die Wörter mit der Quieselkarte richtig ab.

| Bild | Ferien | arbeiten |

· Arbeitstechniken nutzen:
  methodisch sinnvoll abschreiben

· KV 17
· KV Fö

Mein Grundwortschatz

Wörter mit -el, -en, -er

Wörter mit -el, -en, -er
der Apfel
der Besen
das Fenster
fragen
der Kalender
die Kinder
lesen
malen
der Pinsel
die Tafel

1 Schreibe die Übungswörter.
Zeichne Silbenbögen.
Markiere die Selbstlaute.

der Apfel,

2 Übe die Übungswörter mit der Quieselkarte.

Abschreiben
- genau lesen und deutlich sprechen
- schwierige Stellen merken
- Wort abdecken
- schreiben und mitsprechen
- Wort aufdecken und vergleichen
- falsch geschriebenes Wort durchstreichen und richtig aufschreiben

- Arbeitstechniken nutzen: methodisch sinnvoll abschreiben: Wörter des Grundwortschatzes
- KV 16–18
- KV Fö

Mein Grundwortschatz

Wörter mit -el, -en, -er

Wörter mit -el, -en, -er
der Apf**el**
der Bes**en**
das Fenst**er**
frag**en**
der Kalend**er**
die Kind**er**
les**en**
mal**en**
der Pins**el**
die Taf**el**

1 ✏ Schreibe die Übungswörter auf.

das Fenster   der Ap_____

fra_____   le_____

2 ✏ Setze die Selbstlaute ein.

K i n d e r   m _ l _ n

F _ n st _ r   T _ f _ l

P _ n s _ l   K _ l _ nd _ r

3 ✏ Finde im Wörterkasten passende Reimwörter.

Wesen – B_____   Schalen – m_____

Insel – P_____   Rinder – K_____

4 ✎ Markiere diese kleinen Wörter im Text: einen aus an

Drei Kinder malen an der Tafel.
Ella malt **einen** roten Apfel.
Ole schaut aus dem Fenster.

- Arbeitstechniken nutzen:
  methodisch sinnvoll abschreiben:
  Wörter des Grundwortschatzes
- KV 16-18
- KV Fö

20

Fit mit Quiesel

Das Abc kennen

1 ✏️ Schreibe das Abc auf.

A B _____ M
N _____
a b _____ m
n _____

2 ✏️ Schreibe die Wörter nach dem Abc auf.

| ☐ Krokodil | 1 Affe | ☐ Biene |

Affe,

| ☐ Löwe | ☐ Maus | 1 Hase |

| ☐ Esel | ☐ Ente | 1 Elefant |

Ich kann nach dem Abc ordnen.

- grundlegende Begriffe kennen: das Abc
- eigenen Lernerfolg reflektieren

- KV 8–11
- KV Fö

3, 4

Fit mit Quiesel

Silben kennen

1 ✏️ Schreibe die Wörter mit Silbenbögen.

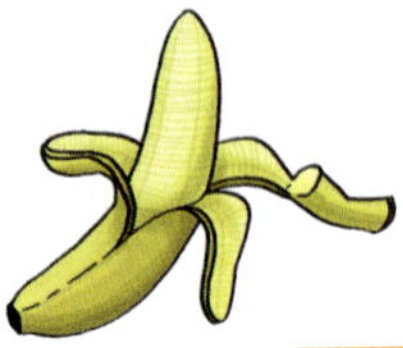

| Dro me dar | Ba na ne | Ha se |

Dromedar,

| Me lo ne | Pal me | Kak tus |

2 ✏️ Zeichne Silbenbögen.
✏️ Trage die Wörter ein.

| Heft ✓ | Datum | Stuhl | Lesebuch | Schere |
| Malkasten | Sekunde | Buch | Lampe |

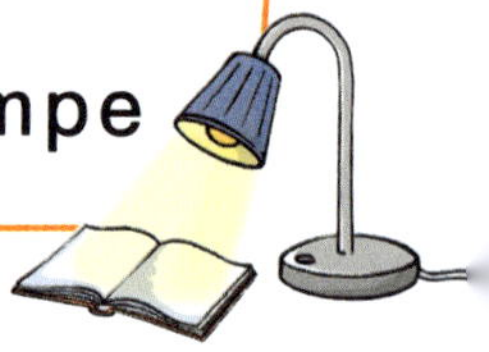

Heft

Ich kann Wörter in Silben gliedern. 🙂 😐

Fit mit Quiesel

Selbstlaute in Silben erkennen

1 Schreibe die Sätze mit Silbenbögen.
Markiere die Selbstlaute.

> Nun ge hen wir zum Schul bus.

Nun

> Mor gen ha ben wir Mu sik.

2 Setze die Selbstlaute in den Spaß-Stundenplan ein.

Zeit	Montag
1.	W i t z e
2.	t _ n z _ n
3.	R _ ll _ r f _ hr _ n
4.	M _ s _ k
5.	b _ st _ ln

e ✓ i ✓
a e
o e e a
i u
a e

Ich kann Selbstlaute in Silben erkennen.

Vor meiner Tür

1 die Ampel
2 die Farbe
3 der Freund
4 der Ball
5 die Straße
6 der Balkon
7 der Hund

  Ordne zu.
 Erzähle.

 Schreibe einen Satz zum Bild.

  Wie sieht es in deiner Straße aus? Erzähle.

- Beobachtungen wiedergeben
- funktionsangemessen sprechen: erzählen
- Kommunikation der Umgebung anpassen

Sprechen und Zuhören

Miteinander sprechen

8 gratulieren

9 fragen

10 Danke sagen

(Bildszene mit Sprechblasen: "Herzlichen Glückwunsch!", "Vielen Dank!", "Bitte!", "He du, wo ist der Bahnhof?")

1. Worüber sprechen die Menschen?
   ✏ Ordne zu.

2. Wer ist unhöflich?
   ✏ Kreise ein.

3. Wie kann der Junge höflich fragen?
   Spiele es mit einem anderen Kind.

   | Entschuldigung bitte ... | Kannst du mir sagen, ...? | Vielen Dank. |

· unterschiedliche sprachliche Mittel vergleichen
· sich in eine Rolle hineinversetzen

 Texte verfassen

Eine Geschichte mit der Bildlupe planen

 1 👁 Schaue das Bild an.
👄 Erzähle.

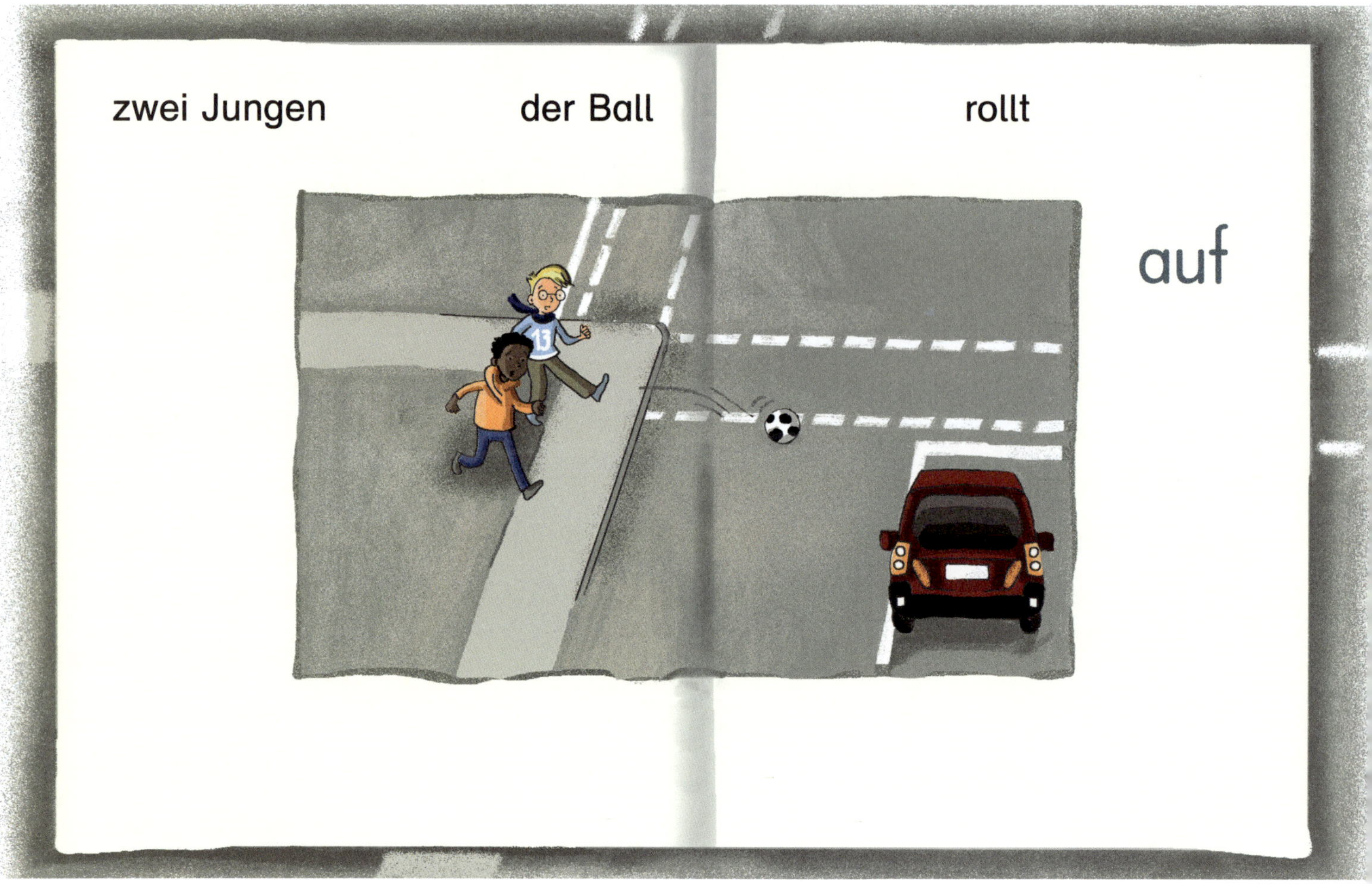

zwei Jungen   der Ball   rollt

auf

2 Welche Wörter passen noch zum Bild?
✏ Schreibe sie auf die Bildlupe.

 3 👄 Erzähle einem Kind deine Geschichte zum Bild.

Checkliste: Eine Geschichte schreiben
○ Ich suche passende Wörter zum Bild.
○ Meine Geschichte passt zum Bild.
○ Andere verstehen meine Geschichte.

· Texte planen: Ideen sammeln
· funktionsangemessen sprechen: erzählen

· KV Fö

Texte verfassen

Eine Geschichte mit der Bildlupe schreiben

 1 👁 Schaue das Bild an.
👄 Erzähle.

der Junge | der Maler ✓ | die Wand ✓ | der Junge
auf
schaut
stolpert
streicht ✓ | der Eimer | kippt um | das Handy

 2 ✏ Schreibe Sätze zum Bild.
Die Farben helfen dir.

· funktionsangemessen sprechen: erzählen
· nach Anregung eigene Texte schreiben
· KV 19, 20
· KV Fö

 11

Sprache untersuchen

Nomen kennenlernen und ordnen

1 ✏️ Welches Wort passt nicht? Streiche durch.
👄 Tauscht euch aus.

| Vogel | gehen | Frau | Auto | Rose |

2 ✏️ Wie sind die Wörter geordnet? Verbinde.

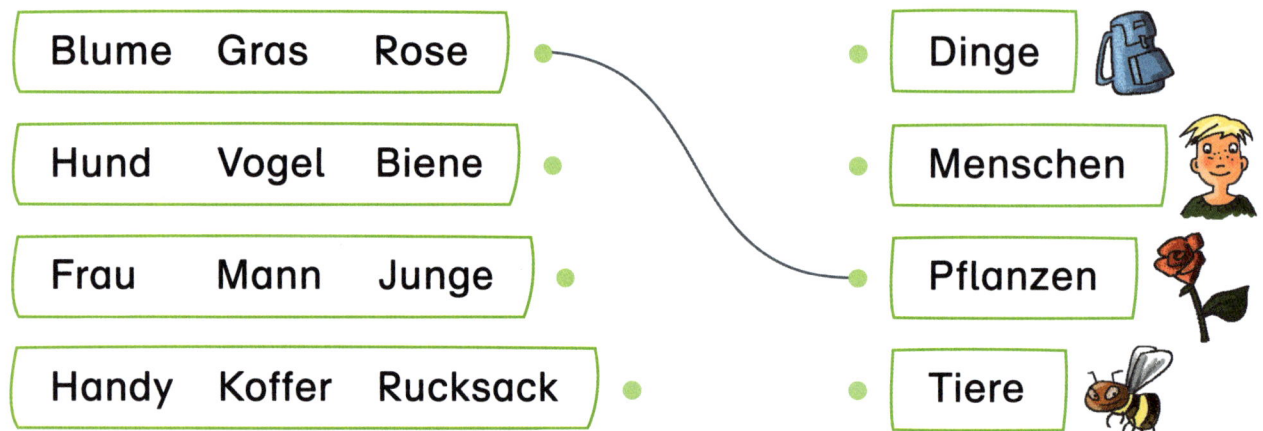

Blume Gras Rose	•	•	Dinge
Hund Vogel Biene	•	•	Menschen
Frau Mann Junge	•	•	Pflanzen
Handy Koffer Rucksack	•	•	Tiere

❗ Wörter für Menschen, Tiere, Pflanzen und Dinge heißen **Nomen**: Junge, Hund, Blume, Koffer.
Nomen schreibt man **groß**.

3 🖍️ Male an: Menschen 🔵, Tiere 🟠, Pflanzen 🟢, Dinge ⚪.

~~Maler~~	Tulpe	Tisch	Salat
Eimer	Opa	Maus	Lampe
Ente	Mädchen	Tanne	Fisch
Hut	Gras	Kind	Igel

Sprache untersuchen

Nomen kennenlernen und ordnen

1 ✏️ Schreibe die Nomen.

Buch

2 🖍️ Markiere die Nomen.

RUFEN	**BÄCKER**	KLEIN	TASCHE	TORTE
ONKEL	**WURM**	PALME	BUSCH	BÄR
HELL	DOSE	FREUND	SALAT	KAMEL
BANK	KATZE	OPA	ABER	BLUME

3 ✏️ Trage die Nomen aus **2** ein.

Menschen	Tiere	Pflanzen	Dinge
Bäcker	Wurm		

· Nomen in Kategorien ordnen
· Nomen identifizieren
· Großschreibung von Nomen beachten

· KV 21, 22
· KV Fö

· RS, S. 21

Sprache untersuchen

Nomen kennen: Artikel (Begleiter)

1. Welche Teile passen zusammen? Trage ein.

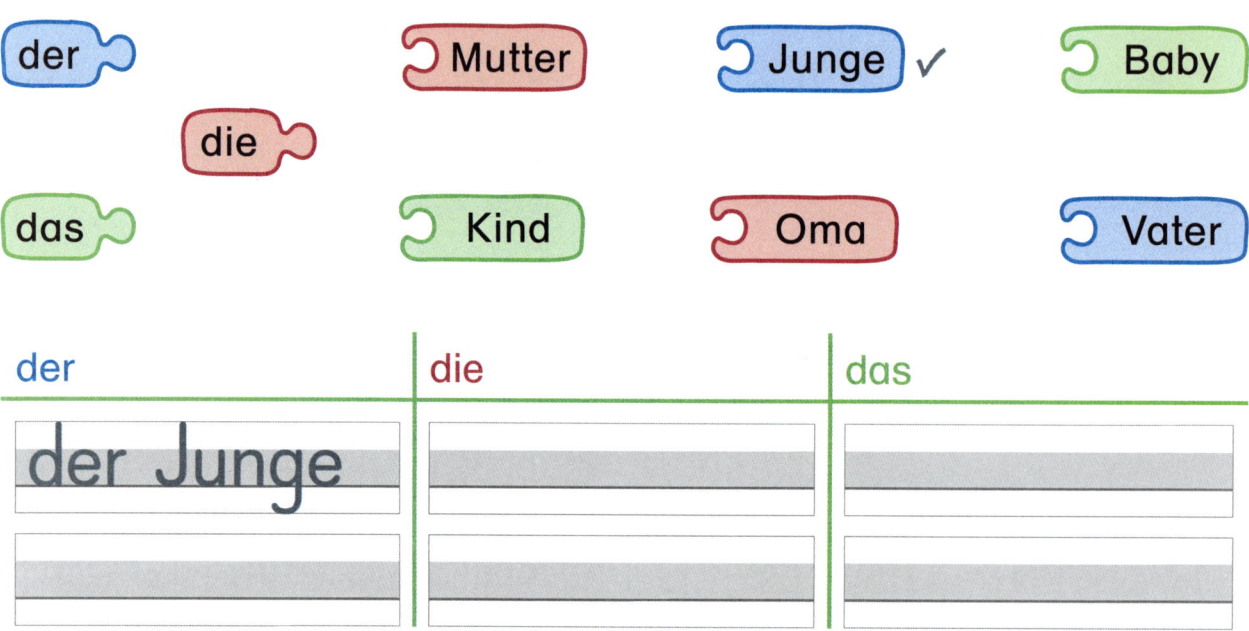

der	die	das
der Junge		

> **Nomen** können einen **bestimmten Artikel** (Begleiter) haben:
> der Hund, die Katze, das Pferd.
> Es gibt auch **unbestimmte Artikel** (Begleiter):
> ein Hund, eine Katze, ein Pferd.

2. Schreibe die Nomen mit unbestimmtem Artikel.

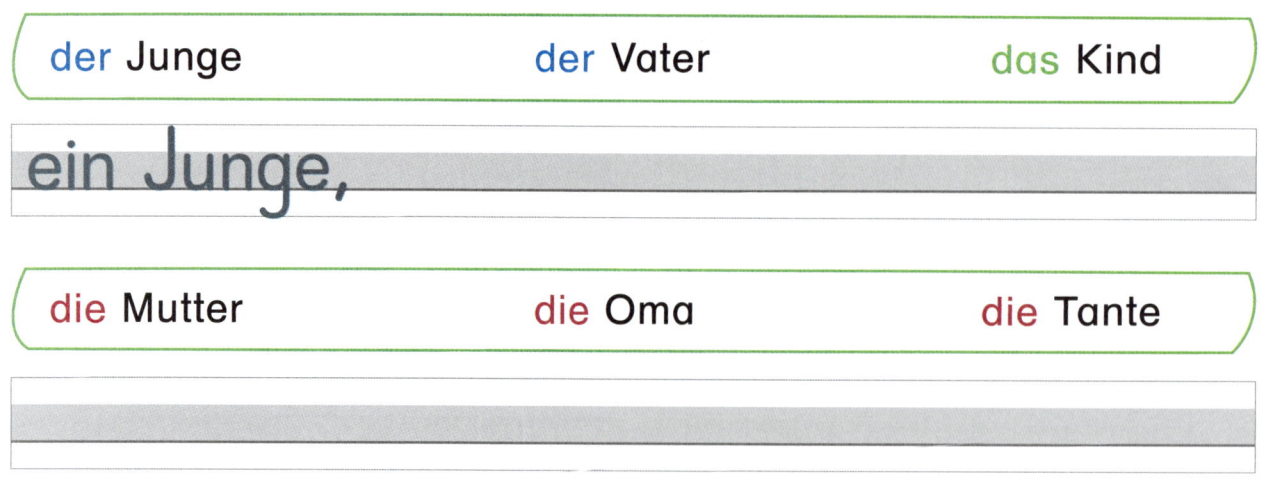

- grundlegende Begriffe kennen: Artikel
- Artikel zuordnen
- KV 23
- KV Fö
- RS, S. 23
- 13, 14

Sprache untersuchen

Nomen kennen: Einzahl – Mehrzahl

 1 Wovon gibt es viele? Kreuze an.
Tauscht euch aus: Es gibt viele ...

Es gibt eine Gurke.

Es gibt viele Tomaten.

Die meisten Nomen gibt es in der Einzahl und in der Mehrzahl.

ein Kürbis – viele Kürbisse   der Kürbis – die Kürbisse
eine Tomate – viele Tomaten   die Tomate – die Tomaten
ein Ei – viele Eier   das Ei – die Eier

 2 Trage ein.
Was ändert sich? Markiere.

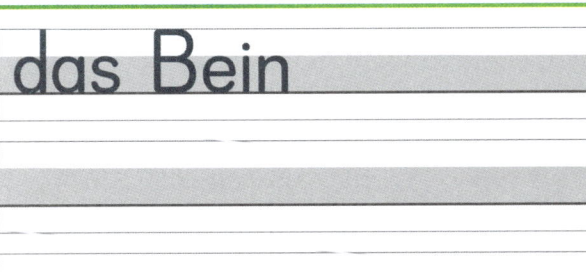

| das Bein ✓ | das Auto | die Tasche | der Weg |
| die Taschen | die Beine ✓ | die Wege | die Autos |

Einzahl	Mehrzahl
das Bein	die Beine
	die

· grundlegende Begriffe kennen: Einzahl und Mehrzahl von Nomen
· Begründungen und Erklärungen geben

· KV 24
· KV Fö

· RS, S. 24
C 15, 17

Richtig schreiben

Großschreibung von Nomen beachten

> **Nomen** schreibt man **groß**:
> das Geschenk, die Blume, der Freund.

 Markiere die Nomen.
Vergleiche die Ergebnisse.

Geschenk	Kerze
Blumen	feiert
Kuchen	Katze
fröhlich	Stuhl

 Markiere die sieben Nomen.

Tim bekommt ein Geschenk.

Der Kuchen ist lecker.

Die Kinder spielen mit der Katze.

Tim pustet die Kerze aus.

Auch Namen sind Nomen.

 Schreibe die Nomen auf.
 Markiere den ersten Buchstaben.

 das Auto    der _____

 die _____    das _____

· Rechtschreibstrategie anwenden: · KV 25   · RS, S. 24
  Großschreibung von Nomen   · KV Fö
· Nomen identifizieren   C 18

32

Richtig schreiben

Großschreibung von Nomen beachten

  Finde die Nomen. Markiere den ersten Buchstaben.
Schreibe die Sätze.

Unter der **B**ank liegt der Ball.

Laura sucht die Schuhe.

2. Verbessere die Nomen.
Schreibe die Sätze richtig.

Mein bruder und emil spielen.

Abschreiben
Heft A, S. 18

Mein Bruder

Sie werfen den ball.

Der ball rollt auf die straße.

 Richtig schreiben

Sätze erkennen

 Welcher Satz ist vollständig?
 Kreuze an.
 Vergleiche die Ergebnisse.

- ☐ Marco bekommt
- ☐ Marco bekommt ein schönes
- ☐ Marco bekommt ein schönes Geschenk.

**Am Ende von Sätzen steht ein Satzzeichen.
Der Punkt ist ein Satzzeichen:**
Sofia kauft vier Äpfel.

 Setze die Punkte.
 Schreibe die Sätze mit Punkten.

Abschreiben
Heft A, S. 18

Timur will verreisen.

Er sucht den Bahnhof

Ein Mann erklärt den Weg

- Sätze erkennen und abgrenzen
- Zeichensetzung beachten: Punkt

· KV 26
· KV Fö

Richtig schreiben

Großschreibung am Satzanfang beachten

> Das erste Wort in einem Satz schreibt man **groß**:
> Der Junge wartet an der Bushaltestelle.

1. 🖍 Markiere den ersten Buchstaben in jedem Satz.
   🖍 Markiere die Punkte.

> Greta und Laurin spielen. Sie bauen eine Hütte. Die Hütte sieht aus wie ein Zelt. Greta hat eine Idee. Sie holt ihre Stofftiere.

2. 🖍 Markiere den ersten Buchstaben in jedem Satz.
   🖍 Markiere die Punkte.
   ✏ Schreibe den Text richtig auf.

Abschreiben
Heft A, S. 18

> greta und Laurin spielen Forscher. sie beobachten Tiere in Afrika. ein Löwe schleicht um das Zelt.

· Großschreibung am Satzanfang beachten
· Zeichensetzung beachten: Punkt

· KV 27
· KV Fö

So macht es Quiesel

Mit der Profikarte Wörter üben

- Lies alle Wörter.
- Schwinge.
- Markiere die schwierigen Stellen.

- Lies ein Wort.
  Achte auf die markierten Stellen.

- Decke das Wort ab.
- Schreibe es auf.

- Kontrolliere.
- Richtig? Male einen Kreis an.
- Falsch? Verbessere das Wort.

- Ist das Wort viermal richtig?
  Male den großen Kreis an.

1 Diktiert euch vier Wörter von der Profikarte auf Seite 37.

Mein Grundwortschatz

Nomen

1. Übe die Wörter mit der Profikarte.

   1 👓 ⌣ 🖊

   2 👓

   3 ▭ ✏

   4 👁 🖍 ✏

Profikarte 1		
die **Ampel**	◯◯◯◯	◯
das Auto	◯◯◯◯	◯
die Bank	◯◯◯◯	◯
die Farbe	◯◯◯◯	◯
der Freund	◯◯◯◯	◯
der Herr	◯◯◯◯	◯
die Katze	◯◯◯◯	◯
das Rad	◯◯◯◯	◯
die Tasche	◯◯◯◯	◯
die Tür	◯◯◯◯	◯

2. Markiere die Übungswörter.

> **Am Morgen**
> Mein **Freund** Ben klingelt.
> Schnell laufe ich vor die Tür.
> Ich hole mein Rad.
> An der Ampel warten viele Autos.

3. Schreibe den Text aus 2 in dein Heft.

   Abschreiben Heft A, S. 18

4. Markiere die kleinen Wörter im Heft.

   | ich | mein | vor | viele |

5. Schreibe die Wörter aus 4 auf.

   ich,

Mein Grundwortschatz

Nomen

Nomen
die Ampel
das Auto
die Bank
die Farbe
der Freund
der Herr
die Katze
das Rad
die Tasche
die Tür

1 Verbinde.
Schreibe die Wörter mit Artikel.

AU — TO → das Auto

TA — SCHE

FAR — BE

AM — PEL

2 Markiere die Nomen.
Schreibe die Sätze ab.

Ein **Herr** wartet an der Ampel.

Ein Herr _____

Ole pinselt Farbe auf die Bank.

_____

Vor der Tür sitzt eine Katze.

_____

Fit mit Quiesel

Nomen kennen

1. Schreibe die Nomen geordnet auf.

die Blume ✓   der Esel   die Mutter   der Igel
der Keks   der Lehrer   das Auto   das Gras

Menschen: _____

Tiere: _____

Pflanzen: die Blume, _____

Dinge: _____

2. Markiere die Nomen.
   Schreibe sie mit Artikel auf.

BANK	ZU	KLEIN	AUTO	TÜR
HERR	HEUTE	ABER	AMPEL	FREUND
FARBE	KATZE	MALEN	UND	RAD

die Bank, _____

_____

_____

Ich kann Nomen erkennen. 😊 😐

- grundlegende Begriffe kennen: Nomen
- Nomen identifizieren
- Großschreibung von Nomen anwenden

· KV 21–24
· KV Fö

· RS, S. 21
· 12–17

Fit mit Quiesel

Nomen kennen

1 Was gehört zusammen?

✎ Schreibe die Nomen in der Einzahl und in der Mehrzahl.

> der Bruder ✓   der Baum   die Schuhe   die Freunde   die Blume
> die Bäume   die Blumen   der Freund   die Brüder ✓   der Schuh

der Bruder - die Brüder,

2 ✎ Schreibe die Nomen in der Mehrzahl auf.

> der Weg   das Bein   das Auto

die Wege,

> die Tomate   die Tasche   die Blume

Ich kann die Einzahl und Mehrzahl von Nomen bilden.

- grundlegende Begriffe kennen: Nomen, Artikel, Einzahl und Mehrzahl
- KV 24
- KV Fö
- RS, S. 22, 23
- C 12–17

Fit mit Quiesel

Sätze erkennen

1. Markiere den ersten Buchstaben in jedem Satz.
    Markiere die Punkte.

> **V**or dem Laden sitzt ein Mann. Ein Becher steht vor dem Mann. Manchmal werfen die Leute Geld in den Becher. Der Mann bedankt sich.

2. Setze die Punkte.
    Schreibe die Sätze mit Punkten.

> Heute spiele ich Fußball.
>
> Ich springe in eine Pfütze
>
> Alma fährt mit dem Roller
>
> Sie fährt schnell wie der Wind

Ich kann Sätze erkennen.

 # Ich – du – wir

springen
klettern
werfen
rutschen
schaukeln

① Willst du mitspielen?

Die reden über mich.

③ Hier dürfen nur Freunde hoch. Geh weg!

②

 👁 Schaue die Bilder an.
  👄 Erzähle.

 ✏ Ordne die Ziffern zu:

Welche Kinder lassen andere mitspielen? ☐ ☐

Welche Kinder wollen keine Mitspieler? ☐ ☐ ☐

 Die reden über mich. Warum denkt der Junge das?

· Beobachtungen wiedergeben
· Vermutungen anstellen

Sprechen und Zuhören

Einen Wunsch vortragen

Ich möchte ...

Kann ich bitte ...?

Darf ich ...?

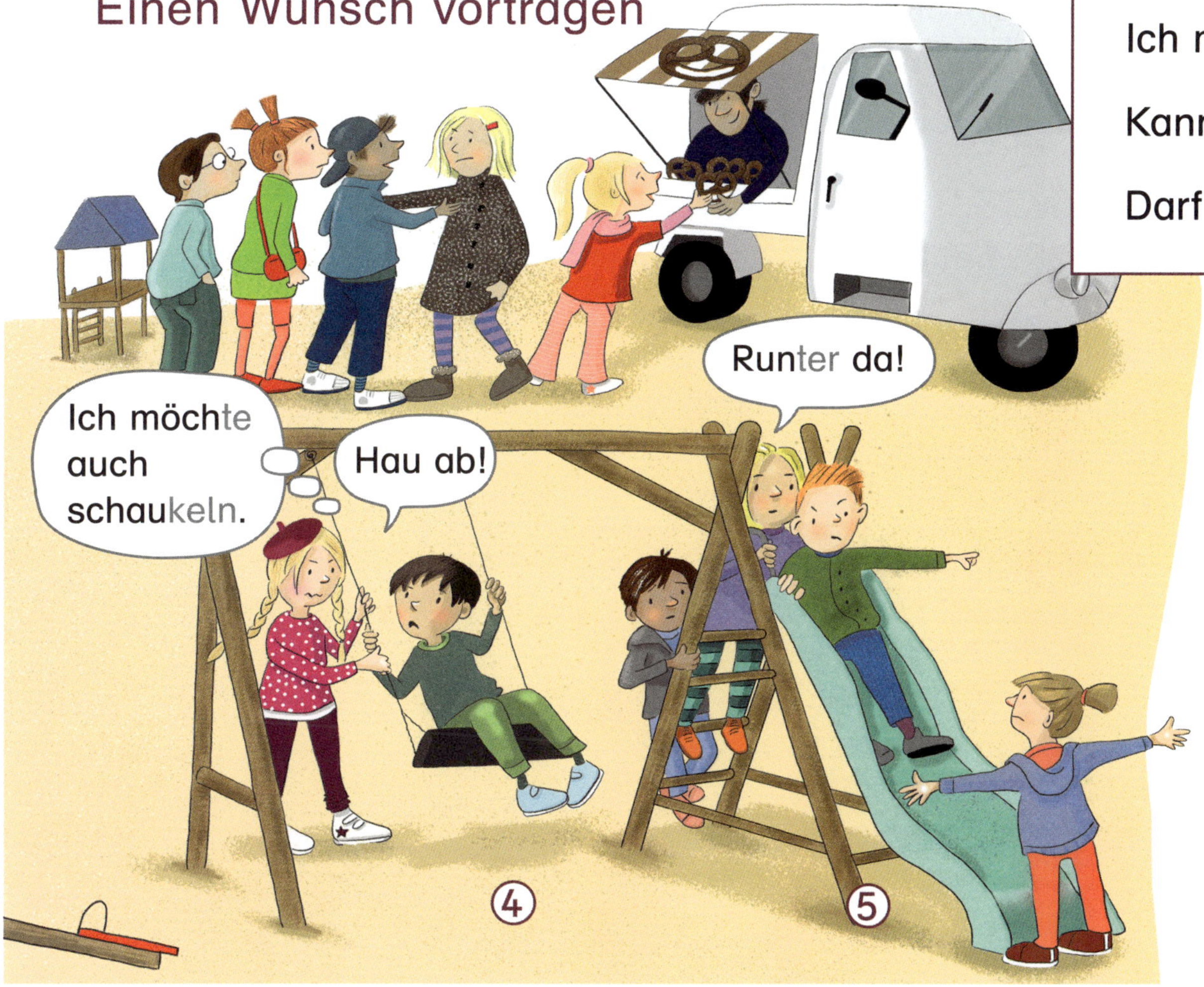

1. Welche Kinder sind nicht nett?
   Male die Sprechblasen an.

2. Wie können die Kinder nett fragen?

   Ich möchte auch schaukeln. → Kann ich _____ ?

   Ich will jetzt auch rutschen.

- Anliegen diskutieren und klären
- Perspektiven einnehmen
- sich in eine Rolle hineinversetzen

Texte verfassen

5-Finger-Geschichten planen

1 ✏️ Warum ist das eine 5-Finger-Geschichte?

Die Geschichte hat _____ Sätze.

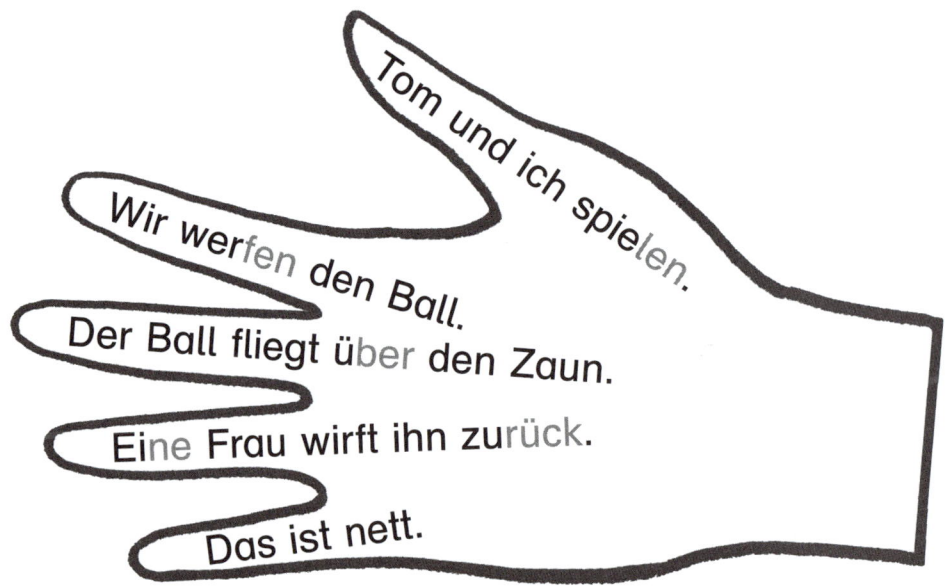

Tom und ich spielen.
Wir werfen den Ball.
Der Ball fliegt über den Zaun.
Eine Frau wirft ihn zurück.
Das ist nett.

2 👓 Welche Sätze passen zum Bild?
✏️ Kreuze an.

☐ Heute treffen wir den Förster.
☐ Das Auto fährt schnell.
☐ Wir laufen mit ihm in den Wald.
☐ Da hören wir ein Geräusch.
☐ Ein Reh steht zwischen den Bäumen.
☐ Es läuft schnell davon.

3 ✏️ Schreibe die richtigen Sätze aus **2** in dein Heft. 📓

- Begründungen und Erklärungen geben
- Texte planen: Textmodell
- KV 32
- KV Fö

Texte verfassen

5-Finger-Geschichten schreiben

1. ✏️ Schreibe eine 5-Finger-Geschichte zu dem Bild.

1 Zoo
2 zu den Pinguinen
3 Tür offen
4 Pinguin läuft weg
5 Tierpflegerin fängt ihn ein

1 <u>Ole und Ali sind im Zoo.</u>

2 _____

3 _____

4 _____

5 _____

2. Prüfe. ✏️ Hake ab.

Checkliste: 5-Finger-Geschichte schreiben
○ Ich schreibe eine Geschichte aus fünf Sätzen.
○ Ich beachte die Reihenfolge.
○ Andere verstehen meine Geschichte.

· einen Text nach Vorgaben schreiben
· eigene Texte überarbeiten

· KV 32, 33
· KV Fö

 Sprache untersuchen

Verben kennenlernen

1 👄 Verstehst du den Satz? Tausche dich aus.

Wir ▮ heute mit Romi.

❗ **Verben** können sagen, was jemand tut.
Sie haben eine **Grundform**: laufen, malen, singen.

2 ✏️ Setze die Verben ein.

Wir **essen** Kuchen.

Wir _____ Saft.

Wir _____ Musik.

Wir _____ nach Hause.

gehen

hören

essen ✓

trinken

3 Was tun wir?
 Markiere die Verben.

Wir gehen in die Sporthalle.

Wir klettern auf ein Gerüst.

Dann spielen wir mit dem Ball.

- grundlegende Begriffe kennen: Verben
- KV 34
- KV Fö
- ▶️

↻ 24–26

46

Sprache untersuchen

Verben kennenlernen

1. Schreibe zu jedem Bild einen Satz.
   Markiere die Verben.

| spielen Piraten | verstecken den Schatz | malen eine Karte |

Wir

2. Setze die Verben ein.

| spielt | hüpft ✓ | baut |

Quiesel **hüpft** mit dem Seil.

Quiesel _____ einen Turm.

Quiesel _____ mit dem Ball.

3. Was machst du gern?

spielen,

- grundlegende Begriffe kennen: Verben
- Textproduktion durch die Anwendung von sprachlichen Operationen unterstützen
- KV 34
- KV Fö

Sprache untersuchen

Verben verändern sich

1 Welches Verb passt? Markiere.

Das Kind ▪. | malen | malt |

2 Wie verändert sich das Verb? Markiere.

| Wir **spielen** Fußball. | Ich **spiele** Fußball. |

> Verben verändern sich. – Grundform: mal**en**
>
> ich mal**e**   wir mal**en**
> du mal**st**   ihr mal**t**
> er, sie, es mal**t**   sie mal**en**
>
> Grundform = Wir-Form

3 Schreibe die Sätze in der Ich-Form.
Was ändert sich bei den Verben? Markiere.

| Wir geh**en** in den Park. |

Ich geh**e** in den Park.

| Wir brauchen keine Mütze. |

Ich

| Wir springen in die Pfütze. |

· grundlegende Begriffe kennen: Verben in Grundform und gebeugter Form
· KV 35–37
· KV Fö

Sprache untersuchen

Verben verändern sich

1. Verbinde.

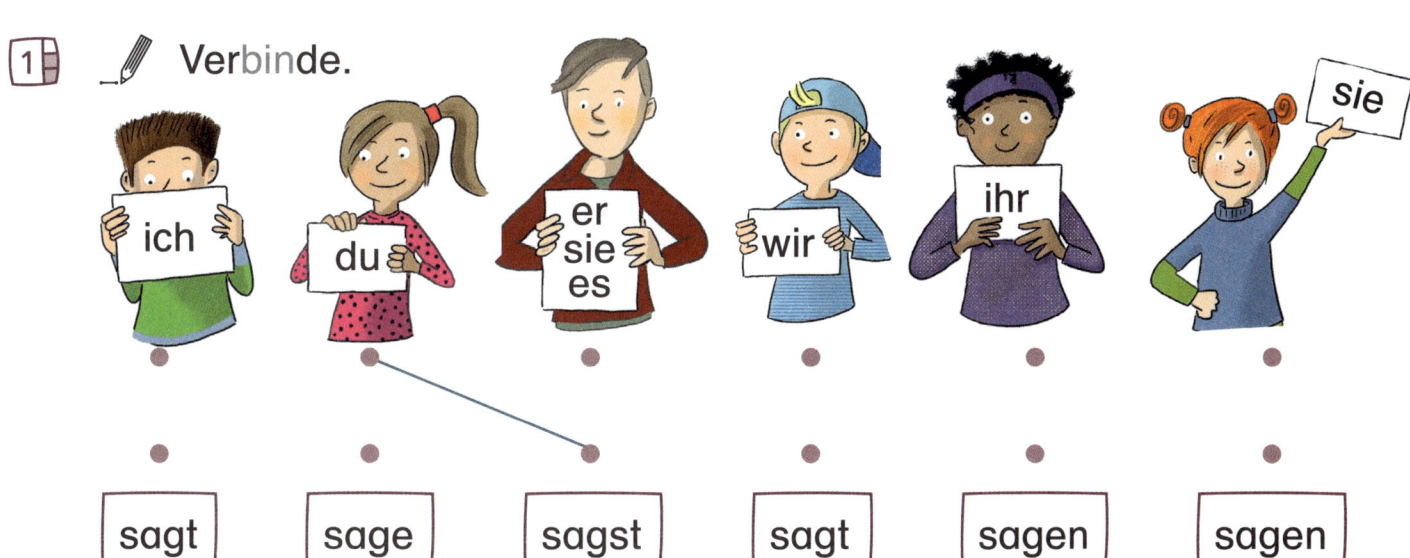

| sagt | sage | sagst | sagt | sagen | sagen |

2. Trage die Verbformen ein.
   Markiere die Endungen.

singe   singst   holst   singt   holen   holt
singen   hole ✓   holt   singt   singen   holen

	such**en**	hol**en**	sing**en**
ich	such**e**	hol**e**	
du	such**st**		
er, sie, es	such**t**		
wir	such**en**		
ihr	such**t**		
sie	such**en**		

· grundlegende Begriffe kennen: Verben in Grundform und gebeugter Form
· Wörter ordnen
· KV 35–37
· KV Fö

Richtig schreiben

Verben verändern sich

1 Setze die Verben ein.
Markiere die Endungen.

| gehen ✓ | laufen | rutscht | spielt |

Im Schwimmbad

Emil und Lola **gehen** ins Schwimmbad.

Er _____ mit Dario Wasserball.

Sie _____ die Rutsche hinunter.

Dann _____ die Kinder zum Kiosk.

2 Schreibe den Text aus 1 in dein Heft.
Markiere die Verben.

3 Verändere das Verb **hören**.
Markiere die Endungen.

ich **höre** _____   wir _____

du _____   ihr _____

er
sie _____   sie _____
es

- grundlegende Begriffe kennen: Verben in Grundform und gebeugter Form
- KV 35–37
- KV Fö

Richtig schreiben

Wörter mit Sp/sp und St/st schreiben

 1 Sprich die Wörter. Was hörst du?
  Was musst du schreiben?
  Tauscht euch aus.

Spritze   Spinne
Stift   Stern

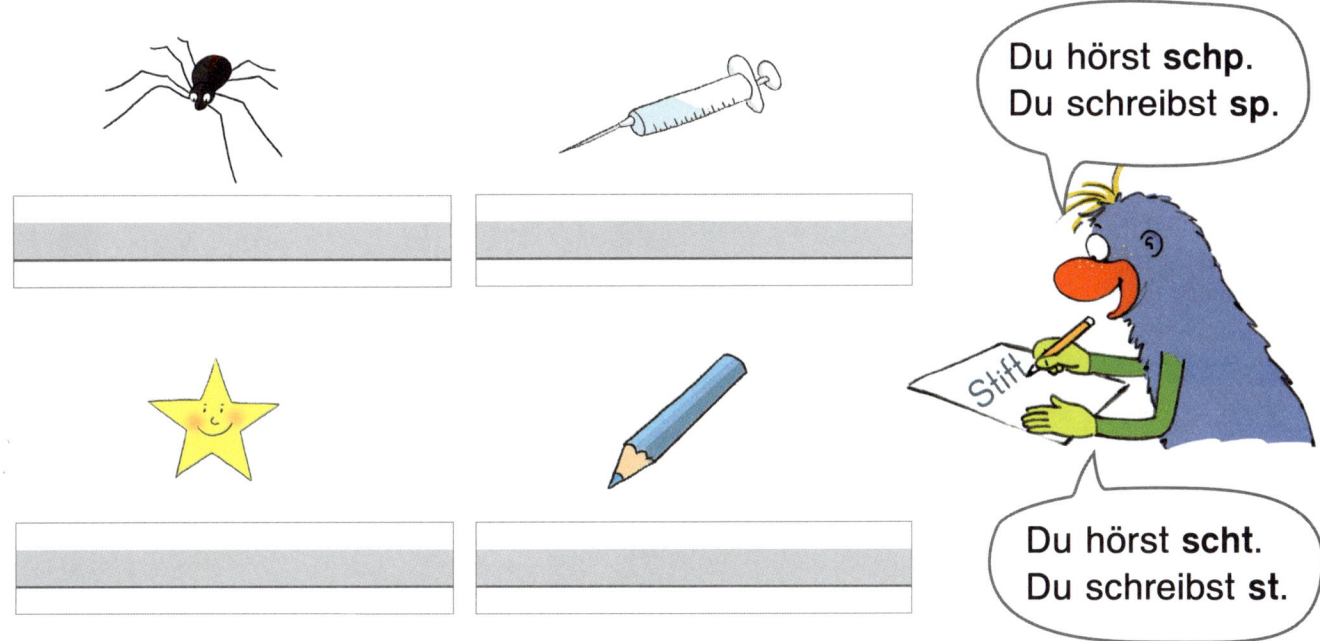

Du hörst **schp**.
Du schreibst **sp**.

Du hörst **scht**.
Du schreibst **st**.

2 Schreibe die Wörter.
   Markiere **Sp/sp**.

| sprechen | Spiel | Spinat | sparen |

sprechen,

3 Schreibe die Wörter.
   Markiere **St/st**.

| stellen | Stein | Stall | streuen |

stellen,

· rechtschriftliche Kenntnisse anwenden: Wörter mit Sp/sp, St/st
· KV 38, 39
· KV Fö
· RS, S. 17

Wörter mit G – K schreiben

1 Sprich die Wörter laut. Was hörst du am Wortanfang?
Setze **G** oder **K** ein.

die ___erze

die ___abel

das ___amel

die ___iraffe

Sprich **G** und **K** gegen die Hand. Was spürst du?

2 G/g oder K/k? Setze ein.

die Gurke   der ___och   die ___iste   ___ehen

___aufen   die ___üche   das ___esicht   ___eben

3 Schreibe die Wörter aus 2 geordnet auf.

G/g: die Gurke,

K/k:

- Rechtschreibstrategie anwenden: mitsprechen
- ähnliche Laute unterscheiden
- KV 40, 41
- KV Fö
- RS, S. 10
- C 28–30

Wörter mit B – P schreiben

Sprich **B** und **P** gegen die Hand. Was spürst du?

1. **B** oder **P**? Setze ein.

der **P**insel   der ___rief   die ___lume   die ___erlen

die ___alme   der ___aprika   die ___uppe   der ___art

2. Schreibe die Wörter aus 1 in das Rätsel.

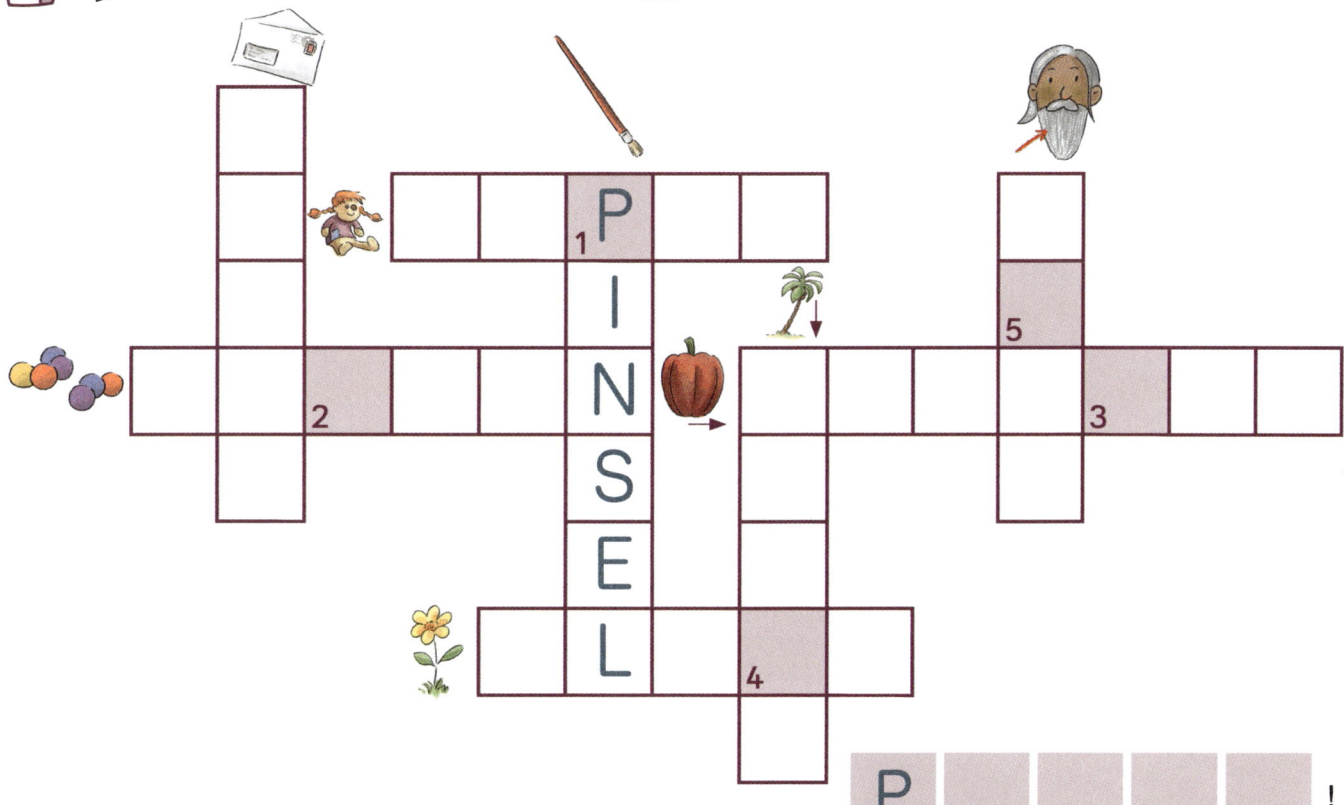

3. **B** oder **P**? Setze ein.
   Schreibe den Satz ab.

Ich male mit dem ___insel eine ___lume.

 ## So macht es Quiesel

Die Wörterliste findest du ab Seite 67.

Mit der Wörterliste arbeiten

1

Am Anfang höre ich ein **B b**.

Wie fängt das Wort an? Überlege.

2

Suche **B b** in der Wörterliste.

3

Lies die Wörter zu **B b**.

4

Finde **Bank**.
Schreibe es ab.

1 Suche die Wörter in der Wörterliste.

 der Apfel, die Äpfel – Seite 67

- Alphabet als Ordnungssystem kennen und anwenden
- Rechtschreibhilfe verwenden: Wörterliste
- KV 42
- KV Fö

Mein Grundwortschatz

Wörter mit B – P und G – K,
Wörter mit Sp/sp und St/st

Wörter mit B – P und G – K
- der **B**all
- der **B**ruder
- **g**ehen
- der **K**orb
- der **P**latz

Wörter mit Sp/sp und St/st
- **sp**ielen
- der **S**port
- **st**ehen
- der **S**tein
- die **S**tunde

1 Finde die Übungswörter.
✏ Setze die fehlenden Buchstaben ein.

g e h e n   _ r u _ e _

_ _ u n _ e   _ _ i e _ e _

2 ✏ Setze die Übungswörter ein.

Fast getroffen

In der letzten Stunde haben wir Sport .

Wir s_____ Basketball.

Ich werfe den B_____ neben

den K_____ .

3 ✏ Welches Übungswort reimt sich?

der Schatz	das Bein
der Platz	

gehen	die Runde

Mein Grundwortschatz

Wörter mit B – P und G – K,
Wörter mit Sp/sp und St/st

Profikarte 2		
der Ball	⊙⊙⊙⊙	⊙
der Bruder	⊙⊙⊙⊙	⊙
gehen	⊙⊙⊙⊙	⊙
der Korb	⊙⊙⊙⊙	⊙
der Platz	⊙⊙⊙⊙	⊙
spielen	⊙⊙⊙⊙	⊙
der Sport	⊙⊙⊙⊙	⊙
stehen	⊙⊙⊙⊙	⊙
der Stein	⊙⊙⊙⊙	⊙
die Stunde	⊙⊙⊙⊙	⊙

1 Übe die Wörter mit der Profikarte.

1 👓 〰 ✏️

2 👓

3 🗂 ✏️

4 👁 ✏️✏️✏️ ✏️

2 Markiere die Übungswörter.

Am Nachmittag
Mein <mark>Bruder</mark> und ich gehen zum Platz
an der Schule. Wir spielen mit dem Ball.
Nach einer Stunde machen wir eine Pause.
Wir sitzen auf einem Stein.

3 Schreibe den Text aus 2 in dein Heft.

4 Markiere die kleinen Wörter im Heft.

| mit | nach | zum | eine |

Abschreiben
Heft A, S. 18

5 Schreibe die Wörter aus 4 auf.

mit,

· Arbeitstechniken nutzen:
methodisch sinnvoll abschreiben:
Wörter des Grundwortschatzes

· KV 43–45
· KV Fö

27–30

56

Fit mit Quiesel

Verben verändern sich

1. Verbinde. Markiere die Endungen.

ich — renne	wir — rennen
du — renne	ihr — rennen
er, sie, es — rennst	sie — rennt

2. Trage die Verbformen ein. Markiere die Endungen.

	trink**en**	lach**en**
ich	trink**e**	
du		
er, sie, es		
wir		
ihr		
sie		

Ich kann Verben verändern.

Fit mit Quiesel

Wörter mit Sp/sp und St/st schreiben

1 Trage die Nomen mit Artikel ein.
Markiere **Sp** oder **St**.

 der Stuhl ✓   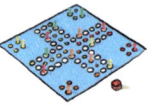 das Spiel   der Stiefel

 die Spinne   der Stern   der Spiegel

St	Sp
der **S**tuhl	

2 Setze die Wörter aus **1** ein.

Quiesel sitzt auf einem Stuhl_____.

Er beobachtet eine _____.

Sie krabbelt über den gelben _____.

Dann klettert sie in den _____.

Am Ende schaut sie in den _____.

Ich kann Wörter mit St/st und Sp/sp richtig schreiben.

Fit mit Quiesel

Wörter mit G/g – K/k oder B/b – P/p schreiben

1 ✏ Schreibe die Wörter geordnet auf.

> das Glas   kleben   das Kind   die Gans

G/g: das Glas,

K/k:

> das Bild   der Pinsel   der Papagei   bauen

B/b: das Bild,

P/p:

2 ✏ B oder P? Setze ein.

> der **B**rief   die ___alme   das ___rot   das ___apier

✏ G oder K? Setze ein.

> das **G**ras   der ___ran   der ___opf   die ___urke

> Ich kenne Wörter mit G/g, K/k, B/b und P/p.

Durch das Jahr

1. 👁 Schaue das Bild an.
   👄 Erzähle.

2. ✎ Kreuze die vier Herbstmonate an.

3. ✎ Was gefällt dir am Herbst?

> die Kastanien
> der Drachen
> der Kürbis

· informierend sprechen: beschreiben
· eigene Eindrücke formulieren

· KV 135–137
· KV Fö

Texte verfassen

Rätsel schreiben

Hier beginnt der Herbst.

Hier endet der Herbst.

S _ _ _ _ _ _ _ _ _ _

D _ _ _ _ _ _ _ _ _

Wir feiern Halloween.

Ich laufe mit meiner Laterne.

N o v e m b e r

O _ _ _ _ _ _ _

  ✏ Löst die Rätsel der Kinder.

  ✏ Verbinde.

Mein Monat beginnt mit einem O.	•	•	September
In diesem Monat ist Weihnachten.	•	•	Oktober
Man kann jetzt Kastanien sammeln.	•	•	Dezember

 Übe eines der Rätsel von [2] oder denke dir ein Rätsel aus. Stelle es anderen Kindern vor.

· mit Sprache spielerisch umgehen
· Formulierungen und Textmodelle nutzen
· KV 135–138
· KV Fö

Texte verfassen

Ein Herbst-Akrostichon schreiben

1. 👓 Lies die Herbstwörter.

Wind — fliegt — Drachen — Blätter — Bäume — bunt — Sonne — Regen

2. 👓 Lies das Gedicht.
   ✏️ Markiere die Herbstwörter aus 1.

Hui, der Wind.

Ein Drachen fliegt.

Rote Blätter überall.

Bäume sind bunt.

Sonne und Regen in meinem Gesicht.

Toll!

„Ein Akrostichon ist ein Gedicht."

3. ✏️ Schreibe den ersten Buchstaben jeder Zeile.

H _ _ _ _ _

· Gedichtstrukturen kennenlernen
· KV 139–141
· KV Fö

Texte verfassen

Ein Akrostichon schreiben

1 Lies das Gedicht. Welches Bild passt?

> **R**egen den ganzen Tag.
>
> **E**s hört nicht auf.
>
> **G**ern möchte ich raus.
>
> **E**rst morgen wird es besser.
>
> **N**och so lange.

2 Schreibe den ersten Buchstaben jeder Zeile.

R _ _ _ _

Checkliste: Ein Akrostichon schreiben
○ Jede Zeile passt zum Thema.
○ Die Anfangsbuchstaben jeder Zeile ergeben ein Wort.

3 Welche Wörter passen zum anderen Bild? Markiere. Schreibe auf.

Regen tropft. Rutsche rutschen.	Regen tropft.
Elf Zwerge. Eine Pfütze.	E
Gummistiefel an. Grünes Sofa.	G
Engel fliegen. Ein Sprung hinein.	E
Nass spritzt es. Nicht bewegen.	N

· Texte Bildern zuordnen
· Formulierungen und Textmodelle nutzen

· KV 139–141
· KV Fö

Fachwörter

Laute und Buchstaben

- Aa Ee Ii Oo Uu
  sind **Selbstlaute** (Vokale).
  Alle anderen Buchstaben im Abc
  sind **Mitlaute** (Konsonanten).

- Das **Abc** heißt auch **Alphabet**.

- Ää Öö Üü sind **Umlaute**.
  Umlaute sind
  besondere Selbstlaute.

Silben

- **Silben** sind Teile von Wörtern.
  Manche Wörter haben nur eine Silbe.
- In jeder Silbe ist ein Selbstlaut.

· grundlegende sprachliche Begriffe kennen:
  Laute, Buchstaben, Silben

Nomen

- **No**men sind **Na**men für Menschen, Tiere, Pflanzen und Dinge.

- Nomen gibt es in der **Einzahl** und in der **Mehrzahl**.
- Nomen können einen **Artikel** (Begleiter) haben.
- Nomen schreiben wir **groß**.

> Ich bin ein **Pirat** und das ist mein **Schiff**.

Artikel (Begleiter)

der Pirat, ein Pirat
die Insel, eine Insel
das Meer, ein Meer

- Artikel stehen beim Nomen.
- Es gibt **bestimmte Artikel**: der, die, das und **unbestimmte Artikel**: ein, eine.

Verben

- **Ver**ben können sagen, was jemand **tut**.

Verben verändern sich. – Grundform: mal**en**

ich mal**e**	wir mal**en**
du mal**st**	ihr mal**t**
er, sie, es mal**t**	sie mal**en**

> Der Pirat **schwimmt**.

- Die Wir-Form der Verben ist wie die **Grundform**. In der Wörterliste stehen die Verben in der Grundform.

· grundlegende sprachliche Begriffe kennen: Verben, Nomen, Artikel

Fachwörter

Sätze

- Aus **Wörtern** kann man **Sätze** bilden.
- **Das erste Wort** in einem Satz schreibt man **groß**.
- Am Ende eines **Aussagesatzes** steht ein **Punkt**. (.)

Die Piraten segeln
über die Meere**.**
Sie feiern viele Feste**.**

Wir feiern ein Fest.

Die Piraten

segeln

über die Meere.

· grundlegende sprachliche Begriffe kennen: Sätze

Wörterliste

A a

ab
der **Abend**, die Abende
aber
acht
der **Affe**, die Affen
alle
als
also
alt
am
die **Ameise**, die Ameisen
die **Ampel**, die Ampeln
an
die **Angel**, die Angeln
antworten, er antwortet
der **Apfel**, die Äpfel
der **April**
arbeiten, sie arbeitet
der **Arm**, die Arme
der **Ast**, die Äste
auch
auf
die **Aufgabe**, die Aufgaben
der **Auftrag**, die Aufträge
aufwachen, er wacht auf
das **Auge**, die Augen
der **August**
aus
das **Auto**, die Autos
die **Axt**, die Äxte

B b
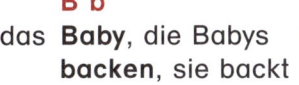

das **Baby**, die Babys
backen, sie backt
der **Bäcker**, die Bäcker
die **Bäckerin**, die Bäckerinnen
baden, er badet
der **Bagger**, die Bagger
bald
der **Ball**, die Bälle
die **Banane**, die Bananen
die **Bank**, die Bänke
der **Bär**, die Bären
der **Bart**, die Bärte
basteln, sie bastelt
der **Bauch**, die Bäuche
bauen, er baut
der **Bauer**, die Bauern
die **Bäuerin**, die Bäuerinnen
der **Baum**, die Bäume
der **Becher**, die Becher
bei

das **Bein**, die Beine
bekommen, sie bekommt
bemalen, er bemalt
bequem
der **Berg**, die Berge
der **Besen**, die Besen
bewegen, sie bewegt
bezahlen, er bezahlt
biegen, sie biegt
die **Biene**, die Bienen
das **Bild**, die Bilder
ich **bin**
binden, sie bindet
die **Birne**, die Birnen
bis
bitten, er bittet
das **Blatt**, die Blätter
blau
bleiben, sie bleibt
blühen, es blüht
die **Blume**, die Blumen
die **Blüte**, die Blüten
der **Boden**, die Böden
das **Boot**, die Boote
böse
der **Boxer**, die Boxer
brauchen, er braucht
braun
brav
breit
die **Brezel**, die Brezeln
der **Brief**, die Briefe
die **Brille**, die Brillen
bringen, sie bringt
das **Brot**, die Brote
das **Brötchen**, die Brötchen
der **Bruder**, die Brüder
das **Buch**, die Bücher
bunt
die **Burg**, die Burgen
der **Bus**, die Busse
der **Busch**, die Büsche
die **Butter**

C c
der **Cent**, die Cents
der **Clown**, die Clowns
der **Computer**, die Computer

D d
da
danken, er dankt
das
die **Decke**, die Decken

dein, deine
denken, sie denkt
denn
der
deutsch
der **Dezember**
dich
die
der **Dienstag**
diese, dieser, dieses
der **Dino**, die Dinos
dir
doch
das **Domino**, die Dominos
der **Donnerstag**
dort
die **Dose**, die Dosen
der **Drachen**, die Drachen
drei
der **Duft**, die Düfte
dunkel
durch

E e
die **Ebbe**, die Ebben
eckig
das **Ei**, die Eier
der **Eimer**, die Eimer
ein, eine
das **Eis**
der **Elefant**, die Elefanten
elf
die **Eltern**
der **Emu**, die Emus
das **Ende**, die Enden
eng
der **Engel**, die Engel
die **Ente**, die Enten
er
die **Erde**
es
der **Esel**, die Esel
essen, er isst
etwas
die **Eule**, die Eulen
der **Euro**, die Euros

F f
die **Fabrik**, die Fabriken
das **Fach**, die Fächer
fahren, sie fährt
das **Fahrrad**, die Fahrräder
fallen, er fällt
falsch

Wörterliste

die **Familie**, die Familien
fangen, sie fängt
die **Farbe**, die Farben
der **Februar**
die **Feder**, die Federn
die **Fee**, die Feen
feiern, er feiert
fein
das **Feld**, die Felder
das **Fell**, die Felle
das **Fenster**, die Fenster
die **Ferien**
das **Fest**, die Feste
das **Feuer**, die Feuer
finden, sie findet
der **Finger**, die Finger
der **Fisch**, die Fische
flach
die **Flasche**, die Flaschen
die **Fliege**, die Fliegen
fliegen, er fliegt
fließen, es fließt
der **Flügel**, die Flügel
flüssig
folgen, sie folgt
das **Foto**, die Fotos
fragen, er fragt
die **Frau**, die Frauen
der **Freitag**
fremd
der **Fremde**, die Fremden
die **Fremde**, die Fremden
die **Freude**, die Freuden
der **Freund**, die Freunde
die **Freundin**, die Freundinnen
frisch
die **Frucht**, die Früchte
früh
der **Frühling**
füllen, sie füllt
der **Füller**, die Füller
fünf
für
der **Fuß**, die Füße

G g

die **Gabel**, die Gabeln
die **Gans**, die Gänse
ganz, ganze
der **Garten**, die Gärten
geben, er gibt
gegen
gehen, sie geht
gelb
das **Geld**, die Gelder
das **Gemüse**
das **Gesicht**, die Gesichter
gestern
gesund
die **Giraffe**, die Giraffen
das **Glas**, die Gläser
gleich
die **Glocke**, die Glocken
der **Graben**, die Gräben
das **Gras**, die Gräser
grau
die **Grenze**, die Grenzen
groß
grün
die **Gurke**, die Gurken
gut

H h

das **Haar**, die Haare
haben, er hat
der **Hafen**, die Häfen
der **Hals**, die Hälse
halten, sie hält
der **Hammer**, die Hämmer
die **Hand**, die Hände
hängen, er hängt
hart
der **Hase**, die Hasen
das **Haus**, die Häuser
häuslich
die **Haut**, die Häute
die **Hecke**, die Hecken
das **Heft**, die Hefte
heiß
heißen, er heißt
helfen, sie hilft
hell
der **Helm**, die Helme
das **Hemd**, die Hemden
her
der **Herbst**
der **Herr**, die Herren
das **Herz**, die Herzen
heulen, er heult
heute
die **Hexe**, die Hexen
hier
die **Hilfe**, die Hilfen
der **Himmel**, die Himmel
hin
hinter
die **Hitze**

der **Hof**, die Höfe
holen, sie holt
hölzern
hören, er hört
die **Hose**, die Hosen
das **Huhn**, die Hühner
der **Hund**, die Hunde
hundert
hüpfen, sie hüpft
der **Hut**, die Hüte

I i

ich
der **Igel**, die Igel
ihm, ihn, ihr
im
ins
die **Insel**, die Inseln

J j

die **Jacke**, die Jacken
der **Jäger**, die Jäger
das **Jahr**, die Jahre
der **Januar**
jede, jeder, jedes
das **Jo-Jo**, die Jo-Jos
der **Juli**
der **Junge**, die Jungen
der **Juni**

K k

der **Käfer**, die Käfer
der **Kalender**, die Kalender
kalt
das **Kamel**, die Kamele
die **Karte**, die Karten
der **Käse**
die **Katze**, die Katzen
kaufen, er kauft
kein, keine, keiner
der **Keks**, die Kekse
kennen, sie kennt
die **Kerze**, die Kerzen
das **Kind**, die Kinder
die **Kirsche**, die Kirschen
die **Kiwi**, die Kiwis
die **Klasse**, die Klassen
das **Klavier**, die Klaviere
kleben, es klebt
das **Kleid**, die Kleider
klein
klettern, es klettert
klingen, es klingt
klug

das	**Knie**, die Knie			**M m**		der	**November**
	knuspern, sie knuspert			**machen**, er macht			**nun**
der	**Koch**, die Köche		das	**Mädchen**, die Mädchen			**nur**
	kochen, er kocht		der	**Mai**			
	kommen, sie kommt			**malen**, sie malt			**O o**
der	**König**, die Könige			**man**			**ob**
die	**Königin**, die Königinnen		der	**Mann**, die Männer			**oben**
	können, er kann		der	**März**		das	**Obst**
der	**Kopf**, die Köpfe		die	**Maus**, die Mäuse			**oder**
der	**Korb**, die Körbe		das	**Meer**, die Meere		der	**Ofen**, die Öfen
der	**Körper**, die Körper			**mehr**			**öffnen**, er öffnet
	krank			**mein**, meine			**oft**
der	**Kranz**, die Kränze			**melden**, er meldet sich			**ohne**
das	**Kraut**, die Kräuter		das	**Messer**, die Messer		das	**Ohr**, die Ohren
der	**Kreis**, die Kreise			**mich**		der	**Oktober**
das	**Krokodil**, die Krokodile		die	**Milch**		das	**Öl**, die Öle
die	**Küche**, die Küchen		die	**Minute**, die Minuten		die	**Oma**, die Omas
der	**Kuchen**, die Kuchen			**mir**		der	**Onkel**, die Onkel
die	**Kuh**, die Kühe			**mischen**, sie mischt		der	**Opa**, die Opas
	kurz			**mit**		der	**Ordner**, die Ordner
			der	**Mittwoch**			**Ostern**
	L l		der	**Mixer**, die Mixer			
	lachen, sie lacht		der	**Monat**, die Monate			**P p**
die	**Lampe**, die Lampen		der	**Montag**			**packen**, sie packt
das	**Land**, die Länder		das	**Moor**, die Moore		das	**Paddel**, die Paddel
	lang		das	**Moos**, die Moose		das	**Paket**, die Pakete
	laufen, er läuft			**morgens**		die	**Palme**, die Palmen
die	**Laus**, die Läuse			**müde**		der	**Papagei**, die Papageien
	laut		der	**Mund**, die Münder		das	**Papier**, die Papiere
	leben, sie lebt			**munter**		der	**Paprika**, die Paprikas
	lecker		die	**Musik**		der	**Park**, die Parks
	legen, er legt			**müssen**, er muss		die	**Pause**, die Pausen
der	**Lehrer**, die Lehrer			**mutig**		die	**Perle**, die Perlen
die	**Lehrerin**, die Lehrerinnen		die	**Mutter**, die Mütter		das	**Pferd**, die Pferde
	leicht		die	**Mütze**, die Mützen		die	**Pflanze**, die Pflanzen
	leider						**pflanzen**, er pflanzt
	leise			**N n**		die	**Pflaume**, die Pflaumen
die	**Leiter**, die Leitern			**nach**			**pflegen**, sie pflegt
	lernen, sie lernt		die	**Nacht**, die Nächte		die	**Pfütze**, die Pfützen
	lesen, er liest		die	**Nadel**, die Nadeln		der	**Pinsel**, die Pinsel
die	**Leute**		der	**Name**, die Namen		die	**Pizza**, die Pizzas
das	**Lexikon**, die Lexika		die	**Nase**, die Nasen			**plätschern**, es plätschert
das	**Licht**, die Lichter			**nass**		der	**Platz**, die Plätze
	lieb		der	**Nebel**, die Nebel		die	**Polizei**
	lieben, sie liebt			**neben**		der	**Polizist**, die Polizisten
das	**Lied**, die Lieder			**nehmen**, sie nimmt		die	**Polizistin**,
	liegen, er liegt			**nett**			die Polizistinnen
der	**Liter**, die Liter			**neu**		die	**Pommes**
	loben, sie loben			**neun**		das	**Pony**, die Ponys
	lösen, er löst			**nicht**		die	**Post**
der	**Löwe**, die Löwen			**nichts**			**prallen**, er prallt
die	**Lupe**, die Lupen			**nie**		der	**Prinz**, die Prinzen
	lutschen, sie lutscht		die	**Nixe**, die Nixen		die	**Prinzessin**,
				noch			die Prinzessinnen

Fachwörter

die **Probe**, die Proben
der **Punkt**, die Punkte
die **Puppe**, die Puppen
putzen, er putzt

Qu qu
quadratisch
quaken, es quakt
die **Qualle**, die Quallen
der **Qualm**
der **Quark**
quasseln, er quasselt
der **Quatsch**
die **Quelle**, die Quellen

R r
das **Rad**, die Räder
die **Rakete**, die Raketen
der **Räuber**, die Räuber
der **Raum**, die Räume
die **Raupe**, die Raupen
rechnen, er rechnet
reden, sie redet
der **Regen**
reich
reisen, er reist
rennen, sie rennt
der **Ring**, die Ringe
der **Rock**, die Röcke
rollen, sie rollt
rot
die **Rübe**, die Rüben
der **Rücken**, die Rücken
rufen, er ruft
rund

S s
der **Saal**, die Säle
der **Sack**, die Säcke
der **Saft**, die Säfte
sagen, sie sagt
der **Salat**, die Salate
das **Salz**, die Salze
der **Samstag**
der **Sand**
sandig
satt
der **Satz**, die Sätze
sauber
das **Schaf**, die Schafe
der **Schal**, die Schals
der **Schatz**, die Schätze

schauen, er schaut
scheinen, sie scheint
schenken, er schenkt
die **Schere**, die Scheren
das **Schiff**, die Schiffe
das **Schild**, die Schilder
schlafen, sie schläft
schlagen, er schlägt
die **Schlange**, die Schlangen
schlau
schleichen, sie schleicht
schmal
die **Schnecke**, die Schnecken
der **Schnee**
schneiden, er schneidet
schneien, es schneit
schnell
schon
schön
der **Schrank**, die Schränke
schreiben, sie schreibt
schreien, er schreit
die **Schrift**, die Schriften
der **Schuh**, die Schuhe
die **Schule**, die Schulen
der **Schüler**, die Schüler
die **Schülerin**, die Schülerinnen
der **Schwanz**, die Schwänze
schwarz
schwer
die **Schwester**, die Schwestern
schwingen, es schwingt
sechs
der **See**, die Seen
das **Segel**, die Segel
sehen, sie sieht
sehr
die **Seife**, die Seifen
sein, er / sie / es ist
sein, seine
seit
die **Seite**, die Seiten
die **Sekunde**, die Sekunden
der **September**
sich
sie
das **Sieb**, die Siebe
sieben
der **Sieg**, die Siege
singen, er singt
sinken, es sinkt

sitzen, sie sitzt
so
der **Sohn**, die Söhne
sollen, er soll
der **Sommer**
die **Sonne**
der **Sonntag**
die **Spaghetti**
sparen, sie spart
spät
der **Spatz**, die Spatzen
der **Spaziergang**, die Spaziergänge
der **Spiegel**, die Spiegel
das **Spiel**, die Spiele
spielen, er spielt
die **Spinne**, die Spinnen
der **Sport**
sprechen, sie spricht
springen, er springt
der **Stab**, die Stäbe
der **Stall**, die Ställe
die **Stange**, die Stangen
der **Stängel**, die Stängel
stark
stehen, sie steht
der **Stein**, die Steine
stellen, er stellt
der **Stern**, die Sterne
der **Stiefel**, die Stiefel
der **Stift**, die Stifte
still
die **Stimme**, die Stimmen
der **Strand**, die Strände
die **Straße**, die Straßen
der **Strauch**, die Sträucher
der **Stuhl**, die Stühle
die **Stunde**, die Stunden
suchen, er sucht
die **Suppe**, die Suppen

T t
die **Tafel**, die Tafeln
der **Tag**, die Tage
täglich
tanken, sie tankt
die **Tante**, die Tanten
tanzen, er tanzt
die **Tasche**, die Taschen
die **Tasse**, die Tassen
das **Taxi**, die Taxis
der **Teddy**, die Teddys
der **Tee**, die Tees

teilen, sie teilt
das Telefon, die Telefone
der Teller, die Teller
das Tier, die Tiere
die Tinte, die Tinten
der Tisch, die Tische
die Tochter, die Töchter
toll
die Tomate, die Tomaten
die Torte, die Torten
tragen, sie trägt
der Traum, die Träume
träumen, es träumt
traurig
trinken, er trinkt
die Tür, die Türen
der Turm, die Türme
turnen, sie turnt
die Tüte, die Tüten

U u
üben, er übt
über
das Ufer, die Ufer
das Ufo, die Ufos
die Uhr, die Uhren
der Uhu, die Uhus
um
und
uns
unsere, unserer
unten
unter
das Unterhemd, die Unterhemden
der Urlaub, die Urlaube

V v
der Vampir, die Vampire
die Vase, die Vasen
der Vater, die Väter
der Verband, die Verbände
der Verkehr
der Versuch, die Versuche
versuchen, sie versucht
der Vertrag, die Verträge
viel, viele
vier
die Villa, die Villen
violett
das Vitamin, die Vitamine
der Vogel, die Vögel
voll

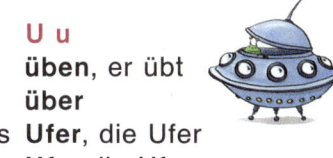

vom
von
vor
die Vorfahrt, die Vorfahrten
die Vorsicht
der Vortrag, die Vorträge
der Vulkan, die Vulkane

W w
der Wagen, die Wagen
der Wald, die Wälder
wann
die Wanne, die Wannen
warm
die Wärme
warten, er wartet
warum
was
waschen, sie wäscht
das Wasser
der Wecker, die Wecker
der Weg, die Wege
Weihnachten
weil
weiß
weit
welche, welcher, welches
die Welt, die Welten
wenig
wenn
werden, er wird
werfen, sie wirft
das Wetter
der Widder, die Widder
wie
wieder
die Wiese, die Wiesen
der Wind, die Winde
der Winter
der Witz, die Witze
wo
die Woche, die Wochen
wohnen, sie wohnt
die Wolke, die Wolken
wollen, er will
das Wort, die Wörter
wünschen, sie wünscht
der Wurm, die Würmer
die Wurst, die Würste
die Wurzel, die Wurzeln

X x
das Xylofon, die Xylofone

Y y
das Yak, die Yaks
das Ypsilon, die Ypsilons
Yvonne

Z z
die Zahl, die Zahlen
zählen, er zählt
der Zahn, die Zähne
der Zaun, die Zäune
die Zecke, die Zecken
der Zeh, die Zehen
zehn
zeigen, sie zeigt
die Zeit, die Zeiten
die Zeitung, die Zeitungen
das Zelt, die Zelte
zerren, er zerrt
die Ziege, die Ziegen
das Ziel, die Ziele
das Zimmer, die Zimmer
der Zipfel, die Zipfel
der Zoo, die Zoos
zu
der Zucker
zum
die Zunge, die Zungen
zur
zusammen
zwei
der Zweig, die Zweige
der Zwerg, die Zwerge
die Zwiebel, die Zwiebeln
zwischen
zwölf

Kompetenzübersicht

Themen-Kapitel	Sprechen und Zuhören	Schreiben: Texte verfassen	Schreiben: Richtig schreiben	Sprache untersuchen	Lesen – mit Texten und Medien umgehen
Willkommen in Klasse 2 Heft A S. 4–5			Laut-Buchstaben-Zuordnung kennen und anwenden **4**; Rechtschreibstrategien nutzen **5**		
In der Schule Heft A S. 6–23	Beobachtungen wiedergeben, funktionsangemessen sprechen: erzählen **6**; Anliegen gemeinsam mit anderen diskutieren, Gesprächsregeln entwickeln **7**	nach Anregungen eigene Texte schreiben, Texte für die Veröffentlichung aufbereiten **8**; Lernergebnisse geordnet festhalten und für eine Veröffentlichung verwenden, über Lernerfahrungen reflektieren **9**	Wörter strukturieren: Silben, grundlegende Begriffe kennen: Silbe, Rechtschreibstrategie anwenden: mitsprechen, schwingen **13**; grundlegende Begriffe kennen: Selbstlaut und Mitlaut, Wörter strukturieren: Silben **14, 15, 16, 22, 23**; Rechtschreibstrategie anwenden: mitsprechen, schwingen, rechtschriftliche Kenntnisse nutzen **17**; Arbeitstechniken nutzen: methodisch sinnvoll abschreiben **18–20**; eigenen Lernerfolg reflektieren **21–23**; Übungsformen selbstständig nutzen **21–23**	mit Sprache spielerisch umgehen, grundlegende Begriffe kennen: das Abc **10, 21**; das Alphabet als Ordnungsinstrument kennenlernen **11, 12, 21**	
Vor meiner Tür Heft A S. 24–41	Beobachtungen wiedergeben, funktionsangemessen sprechen: erzählen **24**; sich in eine Rolle hineinversetzen **25**; funktionsangemessen sprechen: erzählen **24–27**; Begründungen und Erklärungen geben **31**	Texte planen: Ideen sammeln **26**; nach Anregung eigene Texte schreiben **27**	Rechtschreibstrategie anwenden: Großschreibung von Nomen **32, 33, 39**; Nomen identifizieren **29, 32, 39**; Texte überprüfen und korrigieren **33**; Sätze erkennen und abgrenzen, Zeichensetzung beachten: Punkt **34, 35, 41**; Großschreibung am Satzanfang beachten, Zeichensetzung beachten: Punkt **35**; geübte rechtschreibwichtige Wörter normgerecht schreiben, Übungsformen selbstständig nutzen **36**; Arbeitstechniken nutzen: methodisch sinnvoll abschreiben **37, 38**; eigenen Lernerfolg reflektieren **39–41**	unterschiedliche sprachliche Mittel vergleichen **25**; Nomen in Kategorien ordnen **28, 29**; Wörter ordnen, grundlegende Begriffe kennen: Nomen **28, 39**; grundlegende Begriffe kennen: Artikel, Artikel zuordnen **30**; grundlegende Begriffe kennen: Einzahl und Mehrzahl von Nomen **31**; grundlegende Begriffe kennen: Nomen, Artikel, Einzahl und Mehrzahl **40**	Kommunikation der Umgebung anpassen **24**
Ich, du, wir Heft A S. 42–59	Beobachtungen wiedergeben, Vermutungen anstellen **42**; Anliegen diskutieren und klären, Perspektiven einnehmen, sich in eine Rolle hineinversetzen **43**; Begründungen und Erklärungen geben **44**	Texte planen: Textmodell **44**; einen Text nach Vorgaben schreiben, eigene Texte überarbeiten **45**; Textproduktion durch die Anwendung von sprachlichen Operationen unterstützen **47**	rechtschriftliche Kenntnisse anwenden: Wörter mit Sp/sp, St/st **51, 58**; Rechtschreibstrategie anwenden: mitsprechen **52, 53, 59**; ähnliche Laute unterscheiden **52, 53, 59**; Alphabet als Ordnungssystem kennen und anwenden, Rechtschreibhilfe verwenden: Wörterliste **54**; Arbeitstechniken nutzen: methodisch sinnvoll abschreiben **55, 56**; eigenen Lernerfolg reflektieren **57–59**	grundlegende Begriffe kennen: Verben **46, 47**; grundlegende Begriffe kennen: Verben in Grundform und gebeugter Form **48, 49, 50, 57**; Wörter ordnen **49**	
Durch das Jahr Heft A S. 60–63	Informierend sprechen: beschreiben, eigene Eindrücke formulieren **60**	Formulierungen und Textmodelle nutzen **61, 63**		mit Sprache spielerisch umgehen **61**	Gedichtstrukturen kennenlernen **62**; Texte Bildern zuordnen **63**